AF392603

DIBUJOS EN TIEMPOS DE PANDEMIA

MACARENA ARNÁS

www.dibujospandemia.guiaburros.es

EDITATUM

Ilustración de cubierta:©Vicente Arnás

Diseño de cubierta: ©Andrea Fernández Rodríguez (EDITATUM)

Maquetación de interior: © EDITATUM

Primera edición: Diciembre de 2020

ISBN: 978-84-18429-15-6

Depósito legal: M-29803-2020

IMPRESO EN ESPAÑA/ PRINTED IN SPAIN

Si después de leer este libro, lo ha considerado como útil e interesante, le agradeceríamos que hiciera sobre él una **reseña honesta en cualquier plataforma de opinión** y nos enviara un e-mail a **opiniones@guiaburros.es** para poder, desde la editorial, enviarle **como regalo otro libro de nuestra colección.**

Agradecimientos

A mis abuelos, por ser un ejemplo de fortaleza y capacidad de adaptación en tiempos difíciles. Gracias por vuestra dedicación y generosidad.

A mi hermana Laura, gracias por tu sinceridad y lealtad

A mi tío Vicente Arnás, gracias por ilustrar la portada, enriqueciendo este libro con tu creatividad y magia.

A mis familiares y amigos, gracias por vuestro apoyo incondicional.

A todos aquellos que se han atrevido a mandarme sus dibujos y obras de arte desde cualquier parte del mundo. Gracias por confiar en mí, ya que sin vosotros este libro no hubiera sido posible.

A la editorial Editatum y a La Orden de Ayala, gracias por confiar una vez más en mí para escribir este libro.

A mis ángeles, que desde arriba me iluminan para seguir cumpliendo sueños.

Sobre la autora

**Macarena Arnás** es licenciada en Derecho con estudios superiores en *Marketing* y Comunicación. Grafóloga, perito calígrafo, experta en Técnicas Proyectivas gráficas, *coach* y escritora.

Su interés por la Grafología surge a los 10 años cuando le regalan un libro sobre esta materia. Fue el embrión para profundizar en dicha disciplina e iniciar los estudios de Grafología, Técnicas Proyectivas y Pericia en el Instituto de Psicografología de Madrid. Tras finalizar sus estudios, crea una nueva cuenta de instagram llamada "*La Magia de las letras*" (@lamagiadelasletrasoficial) perfil dedicado a la Grafología y Técnicas Proyectivas con el análisis de escritos y dibujos de personajes de interés y trascendencia social.

En el 2017 colabora en distintas publicaciones. En junio del 2019 publica su segundo libro titulado *GuíaBurros: Lo que revela tu escritura*. En marzo del 2020 su tercer libro *GuíaBurros: Lo que revelan los dibujos de tus hijos. Y los tuyos…*

Actualmente lleva la creación de contenidos y comunicación online de varias empresas. También colabora como grafóloga en "La Orden de Ayala" impartiendo conferencias y talleres de Grafología y Técnicas Proyectivas en teatros y centros culturales, así como la difusión en varios medios de radio y televisión.

Índice

Marzo de 2020
"Un bichito llama a tu puerta" 13

El dibujo como herramienta de autoconocimiento
"Aprende a conectar con tu niño interior" 15

Los niños de la nueva era 22

Elementos a tener en cuenta en los dibujos
en tiempos de pandemia: la edad de la persona,
 las zonas del papel, el trazo y el color 31

El dibujo de la casa. Percepción de la familia
y el hogar tras el confinamiento
"El síndrome de la cabaña" 50

El dibujo del árbol.
Escuchar al inconsciente en tiempos de pandemia 71

La figura humana.
La imagen que proyectamos ante el caos
"El síndrome de la cara vacía" 85

El dibujo de la familia.
La unión o desunión de la familia
tras el confinamiento 110

Creatividad en tiempos de caos
"El dibujo artístico" 122

Sentimientos encontrados en los
dibujos en tiempos de pandemia
"Dime cómo dibujas y te diré cómo te sientes" 133

¿Qué nos ha enseñado la COVID? 142

Marzo de 2020
"Un bichito llama a tu puerta"

Sin quererlo ni buscarlo un bichito decidió apoderarse de nosotros, siendo la serendipia que da un respiro al planeta y un sermón a los humanos.

Las calles ya no tienen ruido, los hospitales se colapsan, los colegios cierran, la contaminación se reduce y la vida de muchas personas se apaga...

España decreta el estado de alarma el pasado 14 de marzo del 2020.

99 días confinados en casa, donde los medios de comunicación nos bombardean con cifras que duplican los contagios y las muertes de millones de personas. Sensaciones de incertidumbre, miedo y esperanza se apoderan de nosotros.

Los héroes ya no son Batman ni Catwoman, ahora son los sanitarios y todas esas personas que luchan día tras día para vencer al COVID, a los que animamos con aplausos llenos de luz y pureza en los balcones de nuestras casas.

Quiero recoger la historia de todos aquellos que decidieron crear y expresar todos esos sentimientos que se apoderan de nosotros a través del dibujo.

Garabatos que esconden la verdad de un niño que no sabe expresar con palabras la ansiedad que le genera no poder correr en un parque, la rebeldía de un adolescente que no puede comerse el mundo o la impotencia de un joven que se quedó sin trabajo pero decidió prestarse como voluntario para ayudar a los sanitarios; el amor de un padre que ahora es más rico que nunca porque tiene tiempo para sentarse en el suelo a jugar con sus hijos y la nostalgia de una abuela que anhela poder abrazar a sus nietos.

Las emociones que se graban en un lienzo, las sensaciones que nos empapan ante el caos, la verdad contada desde el corazón…

No sabemos qué será de todo esto; si realmente saldrá una vacuna que pueda acabar con esta pandemia, pero siempre recordaremos esas sensaciones que nos han enseñado el verdadero valor que tiene la vida.

El bichito ha llamado a nuestra puerta y ha entrado, no sabemos cuándo saldrá, pero lo que sí aprenderemos es que **ante el caos debemos hacernos más fuertes, más sabios, y sobre todo, más humanos.**

El dibujo como herramienta de autoconocimiento

"Aprende a conectar con tu niño interior"

Pablo Picasso decía: *"Pintar como los pintores del Renacimiento me llevó unos años; pintar como los niños me llevó toda la vida"*.

Y pensándolo bien, no le faltaba razón.

Cuando comenzó la pandemia realicé una campaña a través de mi cuenta de Instagram @lamagiadelasletrasoficial para conocer el estado emocional de las personas en estos tiempos de caos. En dicha iniciativa quise recalcar que también podían participar los adultos. Para mi sorpresa, muchos de ellos se avergonzaban de sus dibujos a pesar de que muchas de sus ilustraciones eran una auténtica joya; sin embargo, los niños entregaban con orgullo un simple garabato lleno de expresión y color.

Algunos de esos adultos me dijeron que al volver a dibujar se sentían de nuevo niños, y que además muchos de ellos estaban pasando más tiempo con sus hijos tras el confinamiento, por lo que estaban de nuevo conectando con ese niño interior.

Dibujar es comunicar, es transmitir, es expresar de una manera libre e inconsciente como cuando éramos niños.

A través del dibujo podemos conocer a ese niño interior que permanece escondido en el inconsciente, aquellos sucesos que nos condicionan y esas emociones que guardamos bajo llave.

Tal y como explico en mi libro GuíaBurros: Lo que revelan los dibujos de tus hijos… y los tuyos, para conocer dichas emociones se utilizan las técnicas proyectivas gráficas, una herramienta de evaluación psicológica que nos permite conocer diversos **aspectos de nuestra personalidad a través de los dibujos. Las técnicas proyectivas se han utilizado en diversos campos como la psicología, la justicia, la pedagogía, los recursos humanos, etc.**

¿Qué podemos conocer los adultos a través del dibujo?

- Podemos evaluar la personalidad desde varios aspectos (familiar, emocional, afectivo, etc.).
- Conocer el "yo infantil" y sucesos de la infancia que nos limitan o benefician.
- El inconsciente.
- La proyección de nosotros mismos, cómo nos gustaría ser y la imagen que queremos dar a los "otros".

Debemos tener en cuenta que a través del dibujo conocemos el estado emocional de la persona en el momento que ha ejecutado el dibujo. El momento presente, el "aquí y el ahora".

¿Qué rasgos he encontrado en el dibujo de los adultos en tiempos de pandemia?

Por lo general el dibujo de los adultos suele carecer de un excesivo uso de color; sin embargo, en los dibujos de los adultos en tiempos de pandemia **predomina un mayor uso del color. Lo que correlaciona con una conexión con ese niño que todos llevamos dentro y una mayor necesidad de expresar nuestro estado de ánimo.**

Dibujos de figuras humanas con ausencia de manos y distanciados, lo que refleja de manera inconsciente la falta de contacto social.

Dibujo de una mujer de 29 años, *donde se observa la falta de contacto social por la distancia entre las dos figuras y las manos escondidas en los bolsillos, que simbolizan reserva.*

Dibujos de figuras humanas con ojos muy marcados o cerrados. El uso de mascarilla nos impide observar otros rasgos faciales como la nariz y la boca, por lo tanto, destacan el gran número dibujos en el que solo aparece la mirada y se enfatizan los ojos. Los ojos, desde el enfoque de las técnicas proyectivas gráficas, se asocian a un deseo de descubrir y conocer todo lo que nos inquieta o rodea.

Obra de la artista Miriam Pablos López, de la cuenta de Instagram @maivonren. *Ojos marcados y cerrados que reflejan un deseo inconsciente de no querer ver la realidad; los tonos violetas y rojizos simbolizan necesidad de cambio, revolución y pasión.*

Dibujos de casas con corazones como símbolo de amor y protección dentro del hogar.

Dibujo de una mujer de 56 años. *Ilustra un corazón en el tejado que revela cariño y afecto dentro de su hogar.*

Dibujos en movimiento y de pájaros que simbolizan
LIBERTAD.

**Obra del artista Fernando Camino, de la cuenta de
Instagram @fernando_camino_martin.** *El pájaro simboliza libertad, pero al estar mirando hacia la izquierda es un dibujo
que refleja nostalgia por la autonomía que sentía en tiempos pasados.
El contraste de color transmite melancolía, esperanza y duelo.*

Dibujos donde aparece el agua. El agua se asocia a las emociones y se interpreta como mayor susceptibilidad y sensibilidad.

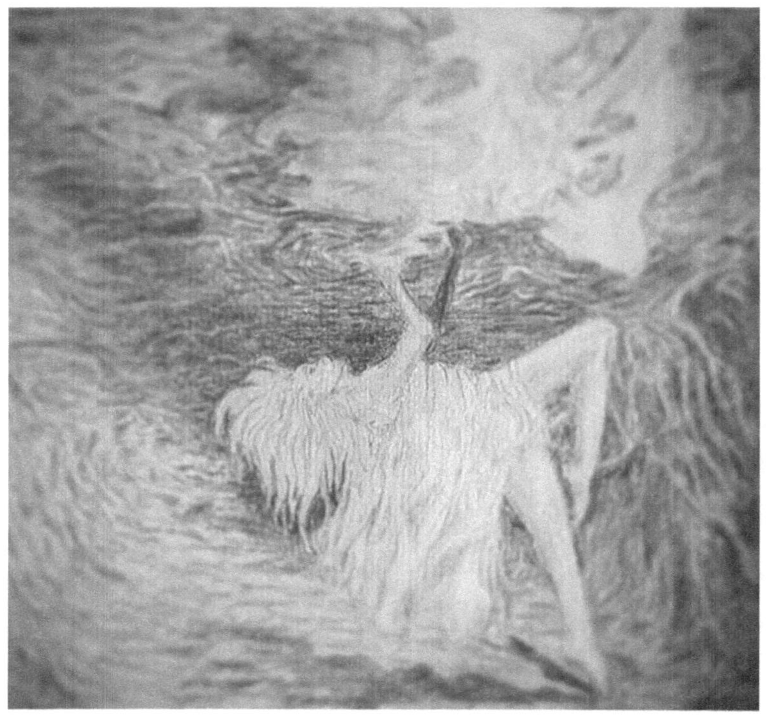

Obra "Fluye" del artista José Miguel López Sales (58 años), de la cuenta de Instagram @jomilosa68, *en el que predomina el agua como un deseo inconsciente de sentirse dentro del seno materno. Una ilustración que, desde el enfoque de las técnicas proyectivas gráficas, hace alusión a un estado de hipersensibilidad y necesidad de dejarse llevar por el corazón.*

Dibujos donde los adultos se retratan en edades inferiores a su edad actual; dicho gesto regresivo indica una conexión con ese niño interior.

Dibujos donde aparecen las palabras "vida" o "muerte", guardan relación con un periodo de cambio y transición.

Obra "Home" del artista David Arnás, de la cuenta de Instagram @david_arnás, *en la que aparece la palabra "muerte". La ausencia de manos se identifica con la falta de contacto social. Se aprecia una sensación de pérdida, añoranza y abandono.*

La sociedad se ha encargado de matar a muchos niños que permanecen en el cuerpo de muchos adultos, niños que saben dar color a un mundo gris, con espontaneidad, sinceridad, y sin dejar de imaginar. A todos esos adultos que se avergonzaban de sus dibujos les digo:

No matéis a ese niño que lleváis dentro; escuchadlo, porque es el único que os dará paz cuando vuestro corazón se encuentre en guerra.

Los niños de la nueva era

"A los niños, antes de enseñarles a leer, hay que ayudarles a aprender lo que es el amor y la verdad".

Mahatma Gandhi

El 13 de marzo del 2020 diez millones de niños en España se quedaban sin clases. Muchos de ellos abandonaron aquellas aulas pensando que volverían de nuevo al colegio, pero la realidad fue completamente distinta. Los meses iban pasando y los niños permanecían en sus hogares; algunos podían hacer las tareas en su casa a través del ordenador, pero muchos otros no disponían de los medios digitales necesarios para poder estudiar o seguir al resto de los compañeros. En junio del 2020 el curso finalizaba y ellos aún no habían pisado las aulas.

La COVID ha generado un cambio en la educación de los más pequeños, que marcará un antes y un después en las nuevas generaciones. Nos encontramos con una generación que vive en una etapa de cambio constante, niños a los que se les ha dicho que sean más cariñosos, y que de un día para otro se les dice que no pueden dar besos ni abrazos, una generación que estará más concienciada con la salud y con la muerte. **Los niños de la nueva era han tenido que aprender a adaptarse a los cambios, quizás van con retraso en el calendario escolar porque no han podido aprender a leer o a multiplicar siguiendo**

el tiempo que marcaba la ley, pero que han aprendido el valor que tiene la vida, sintiendo de cerca la solidaridad, el amor y respeto.

El confinamiento les ha permitido a los niños tener más tiempo para crear, jugar y dibujar. **A través del dibujo los niños se expresan de manera inconsciente.**

El dibujo es el lenguaje de los niños; incluso antes de aprender a decir sus primeras palabras, el niño tiene la necesidad innata de comunicarse con un simple garabato.

¿Qué podemos conocer de los niños a través del dibujo?

- Evaluar la personalidad a través de varios aspectos.
- Conocer el estado emocional de los niños en el momento que han ejecutado el dibujo.
- Descubrir cómo percibe un niño a su familia.
- El inconsciente.
- Las habilidades sociales y capacidades.

¿Qué rasgos he encontrado en el dibujo de los niños en tiempo de pandemia?

Dibujos con combinaciones fuertes de colores.

Niña de 3 años. *Se aprecia un contraste fuerte de colores como el verde, el fucsia, el azul, el amarillo y el negro. Tonalidades que transmiten esperanza, miedo y amor.*

Dibujos en los que aparecen trazos coloreados en zigzag como consecuencia de un estado de nerviosismo y ansiedad.

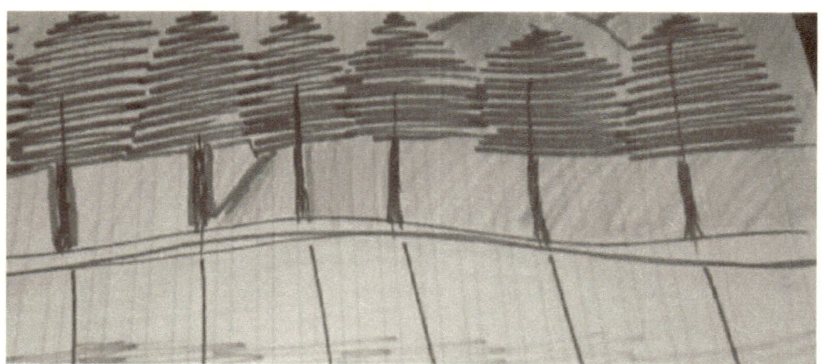

Joven de 17 años. *Colorear en forma de zigzag indica nerviosismo y ansiedad. La ansiedad es miedo al futuro, sensación que aparece con frecuencia en los dibujos en tiempo de pandemia.*

Dibujos de arco iris. Símbolo de positividad ante las situaciones complicadas.

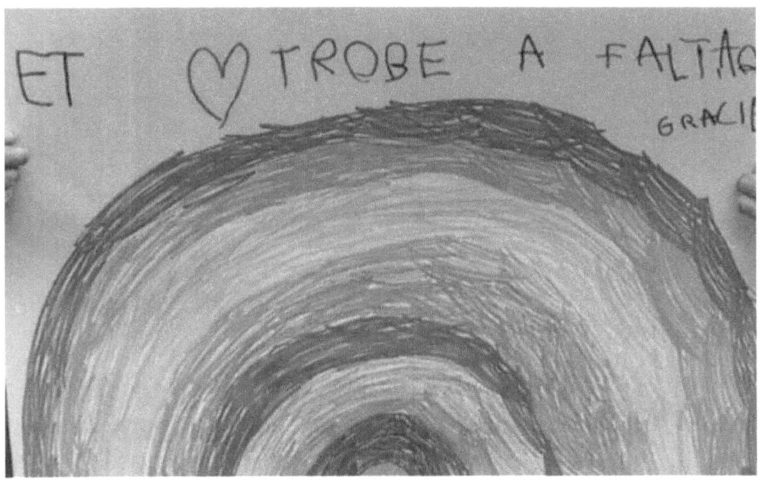

Leo, 4 años. *El arco iris es uno de los elementos que más aparece en los dibujos realizados durante la pandemia. Un elemento que refleja optimismo a pesar del dolor y la incertidumbre del momento.*

Dibujos de mascotas. El confinamiento ha permitido pasar mayor tiempo con las mascotas. Cuando aparecen animales en los dibujos infantiles y el niño no tiene mascota, refleja una necesidad de protección y afecto dentro del hogar.

Niña de 5 años. *Dibujo de un gato con colores poco convencionales. La combinación del color verde y rosa simboliza esperanza y necesidad de afecto. La omisión del cuerpo, junto a unos ojos de gran tamaño, indican sensibilidad e imaginación.*

Dibujos en sentido regresivo. Las figuras están mirando hacia la zona de la izquierda del papel, zona asociada al hogar y al pasado.

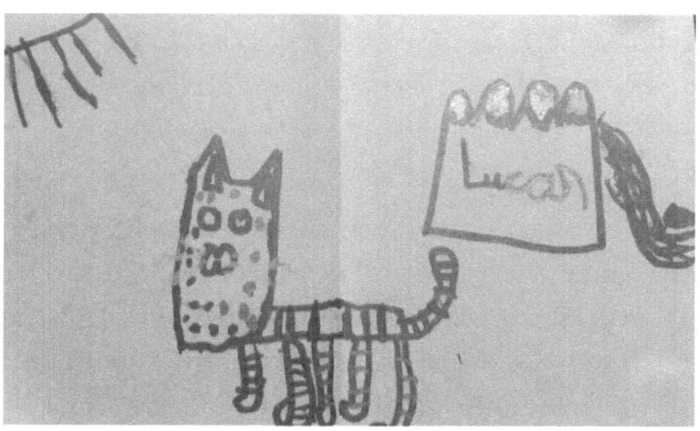

Lucas, 6 años. *El gato está mirando hacia la zona de la izquierda, lo que revela un mayor contacto con la familia y un mayor apego a la figura materna.*

Dibujos de héroes. Los héroes juegan un papel importante en los dibujos de los niños en tiempos de pandemia. Los niños necesitan referentes a los que admirar, y esa necesidad se pronuncia cuando pasan por un momento de cambio o incertidumbre como el confinamiento.

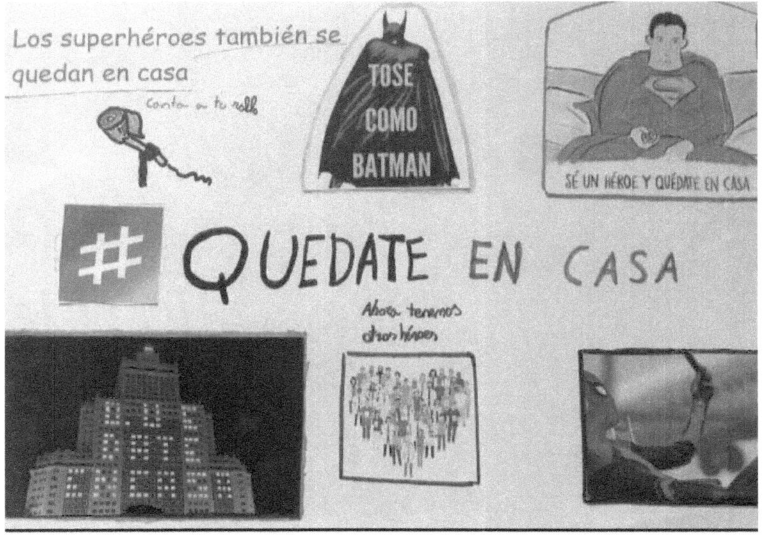

Joaquín, 13 años. *Ilustración en la que se menciona a varios héroes acompañados de frases que invitan a la prudencia y el cumplimiento de las medidas sanitarias.*

Dibujos con caminos curvos y riachuelos, como símbolo sensibilidad e inestabilidad ante el caos.

Martín, 9 años. *Aparece un camino que se bifurca en varias direcciones, acompañado de formas curvas y tonos azulados. Refleja dudas e indecisión. El sol se asocia al padre, al cual percibe como un punto de apoyo. Las montañas indican sueños y metas a largo plazo, lo que revela que, a pesar de la incertidumbre, siente protección y motivación dentro del hogar. El tono azulado refleja que Martín es sensible e idealista.*

Dibujos con palabras positivas como símbolo de optimismo.

Niña de 9 años. *Dibujo donde se proyecta con flores, lo que refleja coquetería y optimismo. No obstante, al estar caminando hacia la izquierda (de nuevo en sentido regresivo) indica ese mayor apego al hogar, a la familia y un menor vínculo con la parte social.*

Dibujos con palabras de precaución como reflejo de conciencia social en la Tierra.

Nico, 12 años. *Palabras de conciencia social para cumplir las medidas sanitarias. De nuevo aparece esa llamada a la responsabilidad social por parte de los más pequeños.*

Durante el confinamiento recibí numerosos dibujos de niños, pudiendo comprobar la capacidad de esperanza, adaptabilidad y optimismo en momentos de caos. Los niños son grandes maestros que tenemos a nuestro alcance, y que han dado un ejemplo a muchos adultos sobre el cuidado que debemos tener en situaciones complicadas, sin caer en la negación y el victimismo.

Elementos a tener en cuenta en los dibujos en tiempos de pandemia:
la edad de la persona, las zonas del papel, el trazo y el color

"Trato de aplicar colores como palabras que forman poemas, como notas que forman música".

Joan Miró

Para conocer el estado emocional de un niño o un adulto a través del dibujo es necesario tener en cuenta una serie de pautas tales como la edad de la persona, las zonas del papel, el trazo y el color.

Cabe destacar que en las técnicas proyectivas gráficas se tiene en cuenta el **"aquí y el ahora", el momento presente en el que el niño o el adulto ha ejecutado el dibujo.** Por lo tanto, cuando analizamos a una persona a través de sus dibujos conocemos aspectos de su personalidad y su estado emocional en el momento que ha ejecutado el dibujo. Para analizar los dibujos realizados en tiempo de pandemia se tienen en cuenta los diferentes parámetros como el trazo, el color y las zonas del papel, estableciendo unas conclusiones en relación a todos estos rasgos que prevalecen tanto en niños como en adultos.

Cuando experimentamos un momento de caos o incertidumbre se genera una nueva vivencia que nos invade de emociones, pudiendo condicionar nuestra actitud y manera de ver la vida, y todo ello se manifiesta en los dibujos.

La edad

"¿Cómo puede pintar alguien que no puede clasificar colores? ¿Cómo puede alguien escribir poesía que no ha aprendido a escuchar y ver?"

María Montessori

A la hora de analizar los dibujos en tiempo de pandemia **es necesario conocer la edad de la persona que ha realizado el dibujo para tener en cuenta el nivel de psicomotricidad, madurez y estado físico.**

Los garabatos. (De 1 a 3 años). En esta fase no podemos fijarnos en la psicomotricidad de los garabatos, pero sí podemos tener en cuenta el uso del color. Lo habitual es que aparezcan colores alegres y llamativos. Si utilizan colores oscuros podría indicar tristeza. **En los dibujos en tiempo de pandemia predominan garabatos con tonos verdes, rojos y amarillos, como símbolo de esperanza y necesidad de movimiento.**

El dibujo infantil. (Desde los 4 años hasta los 10 años). El niño ya tiene psicomotricidad y por lo general se muestra receptivo a dibujar. El uso del color es frecuente. **En el caso de los dibujos en tiempo de pandemia, predominan una percepción evasiva de la realidad, pero con una gran conciencia social y llamada a la responsabilidad.**

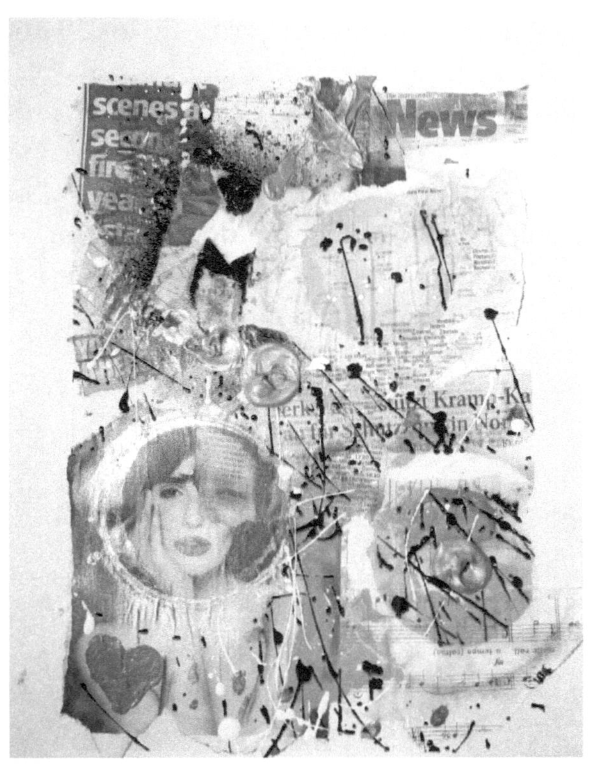

Nica, 10 años. *Collage realizado por una niña de diez años donde aparecen noticias actuales. La mujer situada a la izquierda con un corazón morado hace alusión a la madre; dicho color se asocia a un momento de cambio y espiritualidad. Un dibujo que ilustra a la perfección la creatividad y sensibilidad de Nica.*

El dibujo en los adolescentes. (Desde los 11 años hasta los 18 años). A estas edades el adolescente realiza dibujos más realistas, y el uso del color es moderado. Son dibujos más conscientes. Es frecuente que muestren cierta rebeldía o negación a dibujar; sin embargo, **durante la pandemia he podido apreciar una mayor receptividad para dibujar y crear por parte de los adolescentes.**

El dibujo en los adultos. (A partir de los 18 años). La persona tiene cierta psicomotricidad, pero ha perdido el hábito de dibujar (a no ser que sea artista). En esta fase suelen verbalizar momentos de su infancia conectando con su niño interno. Al igual que en los dibujos de los adolescentes, **en tiempo de pandemia me ha sorprendido una mayor predisposición para dibujar y realizar grandes obras durante el confinamiento.**

Dibujo de la artista Ana Cantalapiedra, de la cuenta de Instagram @con_lacabeza_en_las_nubes. *Dibujo que invita a reflexionar para ejercitar el cerebro y motivar al corazón.*

El dibujo en los ancianos. (A partir de los 75 años). No es habitual encontrar dibujos a estas edades, pero a veces han servido de ayuda a personas que padecen alzheimer para ayudar a recuperar memoria. Es habitual encontrar trazos con temblores y finos, sin uso de color. **En los dibujos en tiempo de pandemia, en el caso de los ancianos predominan ilustraciones de su pasado y la verbalización de dichos momentos durante la ejecución del dibujo.**

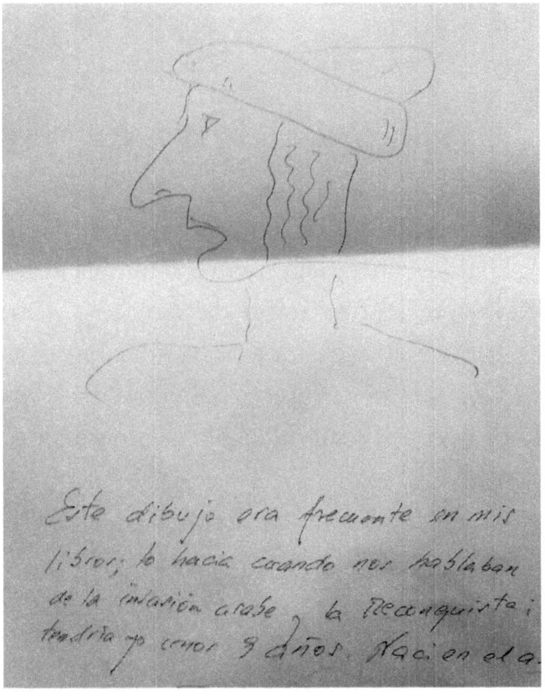

Dibujo de un hombre de 94 años, *en el cual proyecta un dibujo que le reconduce a un momento de su infancia. La figura masculina mirando hacía la zona de la izquierda se relaciona con el pasado.*

Las zonas del papel

"¡No digas no puedo ni en broma, porque el inconsciente no tiene sentido del humor, lo tomará en serio y te lo recordará cada vez que lo intentes!"

Facundo Cabral

Las zonas del papel en el dibujo comparten la misma relación que en grafología, tal y como establezco en mis dos últimos libros *Lo que revela tu escritura y Lo que revelan los dibujos de tus hijos y los tuyos*. Según la teoría de Max Pulver, las zonas que ocupamos en el papel guardan relación con el **inconsciente.**

Cuando una persona escribe o dibuja en un papel tiende a ocupar de manera libre ocupa determinadas zonas, y todo ello nos aportará información de nosotros. Conocer las diferentes zonas del papel nos permite saber si la persona es extrovertida o introvertida, el vínculo que tiene con su familia de origen, la creatividad o el materialismo.

— **Zona superior.** Aspectos creativos y espirituales.

— **Zona inferior.** Aspectos materiales, instintivos y prácticos.

— **Zona de la izquierda.** Pasado (madre, familia y consciente).

— **Zona de la derecha.** Futuro, el padre (sociedad, inconsciente y extroversión).

	CREATIVIDAD/ESPIRITUALIDAD- ZONA SUPERIOR
PARTE CONSCIENTE	
Pasado/Madre/Origen	**PARTE INCONSCIENTE** (Futuro, Sociedad, extroversión)
	MATERIALISMO

Según las zonas del papel, califico los dibujos en cuatro tipos:

Dibujos progresivos. Cuando la persona tiende a ocupar las zonas de la derecha del papel, hablamos de un dibujo en sentido progresivo. Son sujetos con tendencia a mirar al futuro, con poco arraigo a la familia de origen y sociables.

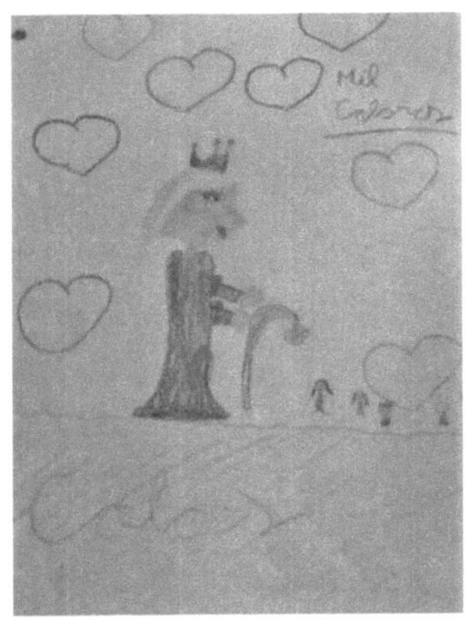

Carla, 8 años. *Dibujo donde la niña proyecta la figura mirando hacia la derecha del folio con una corona y corazones. Símbolo de positivismo, avance y expresión de afecto.*

Dibujos regresivos. Cuando la persona ocupa las zonas de la izquierda, refleja nostalgia y mayor arraigo al pasado.

Dibujo de Ana Sofía Restrepo (14 años), de la cuenta de Instagram @annita_art965. *Dibujo que ilustra a una chica mirando hacia la izquierda en el cielo estrellado, lo que revela nostalgia e incertidumbre. Las estrellas son un símbolo de esperanza y positividad ante el caos.*

Dibujos en sentido ascendente. Ilustraciones donde se tienden a ocupar las zonas superiores del folio. Propio de personas creativas y propensas a perderse en su fantasía.

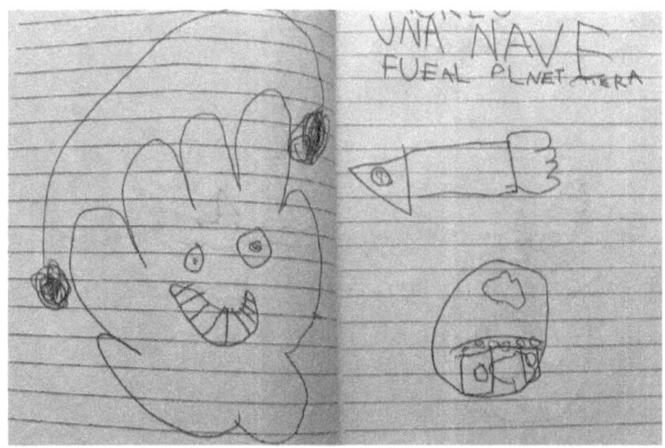

Lucas, 6 años. *Dibujo que tiende a ocupar las zonas superiores del folio, dibujando naves y nubes como elementos que conectan con la parte fantasiosa. Esto es habitual en niños, ya que necesitan divagar e imaginar.*

Dibujos en sentido descendente. Ilustraciones que ocupan las zonas inferiores del folio, propio de personalidades materialistas y conectadas con la parte terrenal.

Dibujo de la cuenta de Instagram @dasivoc. *Proyecta a la pareja en la zona inferior del papel. En dichos dibujos los personajes pueden aparecer sentados o tumbados, pero ocupando las zonas inferiores del folio. Una ilustración que refleja una visión realista de sus emociones.*

¿Qué zonas del papel se tienden a ocupar en los dibujos en tiempo de pandemia?

— **Dibujos regresivos que tienden a ocupar las zonas de la izquierda o proyectarse en el pasado.** Propio de una sensación de nostalgia y mayor apego a la familia.

— **Dibujos en sentido ascendente.** Revela un alto nivel de creatividad y necesidad de perderse en la propia fantasía.

— **El hecho de ocupar las zonas de la izquierda y superiores del folio guarda relación con cierta propensión a evadirse como mecanismo de defensa ante la incertidumbre del momento.**

El trazo

"Sin lucha no hay progreso".

Frederick Douglas

Uno de los parámetros que se tienen en cuenta en los dibujos en tiempos de pandemia es el trazo, es decir, si apretamos o no el lápiz a la hora de ejecutar el dibujo.

La presión a la hora de dibujar nos permite conocer el nivel de resistencia que tenemos ante el caos o la incertidumbre, la capacidad de adaptarnos a las circunstancias y la fortaleza física. Es uno de los parámetros más inestables de todos, ya que varía dependiendo del tipo de útil que se utiliza y de la edad de la persona. No es lo mismo el trazo de un anciano que el de una persona joven.

Para poder conocer la presión de un dibujo es necesario que estén realizados con lápiz, evitando los rotuladores, que nos impedirán conocer la presión del dibujo.

En el caso del dibujo artístico la presión juega un papel menos relevante, ya que los artistas tienden a jugar con el trazo y la presión, buscando una estética de su obra.

Tipos de trazos:

— **Fuerte**. La persona ha presionado mucho el tipo de útil a la hora de ejecutar el dibujo. Cuando la presión es excesiva pueden aparecer surcos en la parte de **atrás del folio, que simbolizan cabezonería, fortaleza física y resistencia.**

— **Débil**. Trazo donde la persona no ha presionado a la hora de elaborar el dibujo. **Refleja pasividad, tristeza, nostalgia y un estado físico débil.**

— **Normal**. Cuando existe un equilibrio en la presión del dibujo. **Es un signo de equilibrio mental y físico.**

— **Trazo reiterativo.** Cuando la persona remarca varias zonas del dibujo en repetidas ocasiones. Propio de sujetos mentales que tienden a pensar las cosas varias veces.

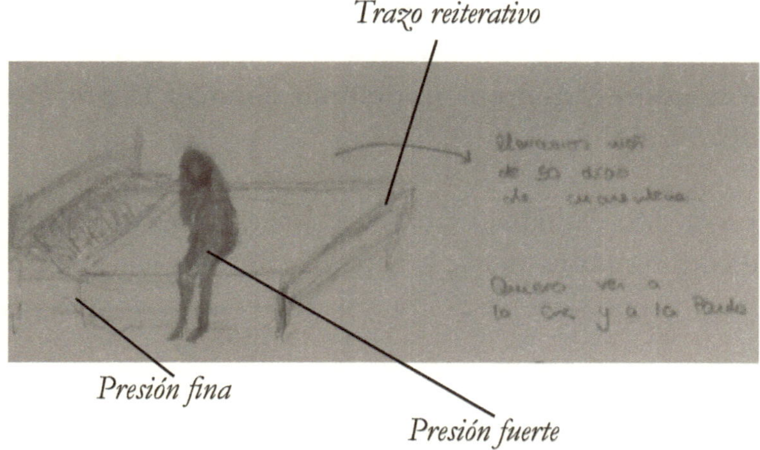

Dibujo de la artista Miriam Pablos López, de la cuenta de Instagram @maivonren, *donde se puede apreciar una presión fina, trazos excesivamente presionados y reiterativos. Todo ello refleja momentos de inestabilidad emocional e incertidumbre.*

— **Trazo "a trompicones".** El trazo pierde presión, quedando formas cortadas. Es habitual en niños pequeños cuando todavía no tienen psicomotricidad o destreza. En adultos refleja poca constancia y labilidad emocional.

— **Alternancia de presiones.** Esto es habitual en artistas que tienden a jugar con el trazo en los dibujos, persiguiendo la estética. En el caso de personas que no tengan psicomotricidad y no sean artistas, refleja un carácter variable.

Obra "Old Vacances" del artista David Arnás, de la cuenta de Instagram @david_arnas. *Obra del artista David Arnás, en la que se puede observar la alternancia de presiones con trazos finos y fuertes, para generar una mayor estética.*

¿Qué tipo de presión predomina en los dibujos en tiempo de pandemia?

— **Trazos reiterativos.** En el caso de los adultos predominan los trazos reiterativos, remarcando determinadas zonas del dibujo. Esto refleja una mayor tendencia a pensar las cosas de manera reiterada, pudiendo llegar a la obsesión.

— **Trazos a trompicones con tachones y formas presionadas** predominan en los dibujos infantiles, como símbolo de falta de psicomotricidad y ansiedad.

El uso del color

"El color es la lengua materna del subconsciente".

Carl Gustav Jung

El uso del color en los dibujos nos aporta información sobre el estado de ánimo de la persona en el momento que ha realizado el dibujo.

Los niños tienden a hacer mayor uso del color, a diferencia de los adultos; pero para mi sorpresa, **en los dibujos de los adultos en tiempos de pandemia he encontrado colores bastante fuertes, como los de los niños, lo que correlaciona con una mayor conexión con su niño interior.**

En los dibujos existen elementos establecidos en el uso del color. Por ejemplo: el césped se suele colorear de verde, pero si nos encontramos con un césped de color violeta o de un color inusual, adquiere una interpretación desde el enfoque de las técnicas proyectivas gráficas.

También es importante la tonalidad del color; cuanto mayor sea la intensidad del color usado, mayor intensidad emocional desea manifestar el sujeto.

Alumnos de Mar Olayo. Fundadora de la Asociación de Escritores Cinco Palabras, de la cuenta de Instagram @cincopalabras5. *Dibujo en el que se aprecia un buen uso del color, con colores fuertes y contrastados, lo que refleja optimismo.*

Significado psicológico de los colores

Azul. Se relaciona con la emoción, la lealtad, la tranquilidad, la paz y la nostalgia. El exceso de color azul puede alertarnos de cierta tristeza o pasividad. Es un color hipotensor.

Rojo. Se asocia a la pasión, a la impulsividad, la fuerza de voluntad, la energía. Es un color hipertensor.

Niña de 3 años. *Predomina el rojo y amarillo. El uso del color en niños es importante, porque tienen menor información inconsciente sobre el significado de los colores. En este caso, el rojo simboliza necesidad de actividad y movimiento.*

Verde. Representa la naturaleza, la esperanza, la autoafirmación, deseos de autosuficiencia, constancia, individualismo, firmeza.

Amarillo. Indica la actitud ante el futuro, expectación, claridad, brillo, inteligencia, optimismo, ilusión. Representa el día, el cambio, la alegría.

Niña de 3 años. *Dibujo con tonos amarillos y rojizos, los cuales simbolizan alegría y de nuevo necesidad de actividad y movimiento.*

Marrón. Se asocia a lo terrenal, al realismo, a las necesidades básicas, seguridad, materialismo. El uso excesivo del color marrón en los dibujos infantiles puede alertarnos sobre ciertas carencias en lo relacionado con lo material o las necesidades más primarias, como puede ser comer o dormir.

Negro. Representa la negación, el silencio, la discreción, los miedos. El exceso del color negro puede llegar a tener un componente agresivo y angustioso.

Blanco. Simboliza la pureza, la ingenuidad, la paz.

Naranja. Se asocia a la fuerza, a la energía y determinación.

Violeta. Representa el cambio, lo ideal, lo místico y la rebeldía.

Pintura de la artista Miriam Pablos López, de la cuenta de Instagram @maivonren, *en el que se aprecia el uso original del color violeta en el ojo. Los ojos tienen un papel principal en los dibujos en tiempos de pandemia, y representan desde el enfoque de las técnicas proyectivas gráficas una necesidad de ver y analizar lo que nos inquieta en detalle. El color violeta representa una perspectiva rebelde de las cosas, con necesidad de cambio y conexión con lo espiritual.*

Rosa. Simboliza el amor, la ingenuidad, el cariño.

Gris. Representa la indiferencia, la frialdad, la reserva, la falta de compromiso.

¿Qué colores predominan en los dibujos en tiempo de pandemia?

En el caso de los adultos predominan tonos violetas, negros, azulados y verdes. Colores que reflejan una sensación de nostalgia, necesidad de cambio, dolor y esperanza.

En el caso de los niños prevalece el rosa, amarillo, rojo y verde como símbolo de optimismo, esperanza, amor e hiperactividad.

El uso del color utilizado en los dibujos en tiempos de pandemia refleja que los niños han tenido una visión más positiva, a diferencia de los adultos.

Los colores menos utilizados en los dibujos en tiempos de pandemia, tanto en niños como en adultos, **son el marrón y el gris.** Colores que reflejan indiferencia, realismo y materialismo. **Lo que representa un momento en el que las personas no muestran indiferencia ante lo que está ocurriendo y sienten una mayor conexión con la parte espiritual, buscando respuestas fuera de lo tangible.**

El dibujo de la casa
Percepción de la familia y el hogar tras el confinamiento
"El síndrome de la cabaña"

"La vivienda no es solo un bien inmobiliario, es también una forma de consolidación espiritual".

Mario Benedetti

La vivienda es un lugar donde encontrarse y saber estar, y como bien dijo Mario Benedetti "una forma de consolidación espiritual". En España se decretó el estado de alarma el 14 de marzo del 2020, y ello nos condujo a permanecer dentro de nuestros hogares durante 99 días; días donde las horas se ralentizaban con calles vacías y parques sin niños. Cada día a las ocho de la tarde los balcones se teñían de blanco con aplausos llenos de luz y pureza para reconocer la gran labor de los sanitarios. Sensaciones que permanecían en cada una de nuestras casas, donde tuvimos que aprender a compartir y encontrarnos para saber frenar y adaptarnos a esta nueva era.

Una de las grandes lecciones que nos ha enseñado la CO-VID es aprender a convivir, a tener tiempo para jugar y saber encontrarnos dentro del hogar; el confinamiento nos ha enseñado a saber matar el tiempo. **Una lección que** ha puesto a prueba a muchas parejas y familias para conocerse mejor y descubrir si realmente ese vínculo emocional que les une es sano, o por el contrario, tóxico.

Pero cuando por fin nos permitían salir de nuestros hogares con límites y horarios, nos encontramos con dos tipos de personas: los que salen a las calles sin miedo, y los que por el contrario se sentían angustiados y llenos de temor, generando el llamado **"síndrome de la cabaña"**.

Por lo tanto, una de las técnicas proyectivas que más interesa en los dibujos en tiempo de pandemia es la proyección de la casa, **porque a través de este dibujo se puede profundizar sobre el estado emocional de las personas durante la crisis sanitaria, social y económica.**

¿Qué podemos conocer a través del dibujo de la casa en tiempos de pandemia?

La casa es uno de los primeros dibujos que realizamos. Es una proyección que nos aporta información sobre la percepción familiar y hogareña.

En el caso de los niños, nos permite conocer la percepción que tiene de su familia y el hogar, y en el caso de los adultos nos permite saber el vínculo que tiene con su familia de origen o la que ellos han creado.

Un dibujo que nos aporta información de:

- Las relaciones y vínculos familiares.
- La visión consciente e inconsciente del hogar y la familia.
- El autoconcepto y carácter de uno mismo.
- El nivel de apego o desapego con la familia.
- El estado emocional en el que nos encontramos dentro del hogar durante el confinamiento.
- La adaptación a las circunstancias dentro del vínculo íntimo o familiar.
- El nivel de dependencia e independencia.
- Sensaciones generadas tras el confinamiento.
- La creatividad.
- Casos de violencia doméstica, abusos sexuales y maltrato infantil generado antes y después del confinamiento.

El dibujo de la casa se ha utilizado a través de psicólogos forenses cuando quieren conocer la percepción del hogar que tiene un menor, en casos donde se esté debatiendo la custodia de los padres y también cuando nos encontramos con problemas de violencia y abusos sexuales que proceden de personas del clan familiar. **Durante la pandemia se ha incrementado el número de casos de maltrato infantil, siendo la causa principal la violencia doméstica, seguido de violencia sexual, abandono e incluso intentos de suicidio. Datos alarmantes que merecen ser visibilizados y que a través de la proyección de la casa podemos indagar.**

Los elementos del dibujo de la casa nos aportan diferentes datos sobre la persona. No siempre aparecen todos los elementos, aunque la omisión de ellos también resulta significativa.

Elementos habituales en el dibujo de la casa:

Tejado. Hace referencia a la imaginación, fantasía, espiritualidad, creatividad. **En los dibujos de las casas en tiempo de pandemia he podido presenciar casas con tejados amplios como símbolo de mayor creatividad.**

Paredes. Simbolizan la fortaleza y resistencia. Debemos preguntar de qué material está hecha la casa. Una casa hecha de piedra, madera, paja o cualquier otro material que imagine el individuo, nos indicará la resistencia y percepción del mismo para afrontar los problemas. Si la persona que ha dibujado la casa nos dice que está hecha de ladrillo o piedra indica resistencia y fortaleza; si expresa que está hecha de madera muestra menos fortaleza y si está hecha de paja denota poca fuerza y resistencia para resolver conflictos. **En los dibujos en tiempo de pandemia la mayoría de las casas están dibujadas con ladrillo lo que representa resistencia ante el caos.**

Chimenea. Vinculada con la afectividad y el modo en que manifestamos las emociones. Se debe observar si la chimenea tiene humo o no. Si aparece el humo indica que la persona expresa o manifiesta sus emociones. Si carece de humo revela dificultad para expresar lo que siente en su casa. **Es un elemento fundamental en los dibujos de casas en tiempo de pandemia, porque nos permitirá saber si la persona tiene recursos para comunicar dentro de su hogar.**

Ventanas. Hace alusión a la capacidad de observación y detallismo. **En las casas de los dibujos realizados durante el confinamiento predominan ventanas de gran tamaño, lo que correlaciona con una necesidad de saber e investigar todo lo que sucede dentro y fuera del hogar.**

Puerta. Representa el contacto con el exterior, la introversión o extroversión. En el caso de la puerta debemos fijarnos si aparecen algunos elementos como el cerrojo, que refleja la introversión, y la mirilla, que muestra un carácter desconfiado y puntilloso. **En la mayoría de las casas en tiempo de pandemia aparecen cerrojos y puertas cerradas como símbolo de desconexión con el exterior.**

Suelo o césped. Hace referencia a la estabilidad y contacto con la realidad.

Sol. Elemento habitual en el dibujo de la casa, que aparece principalmente en dibujos infantiles. Indica el contacto con la figura paterna y la percepción del mismo.

Elementos poco habituales en el dibujo de la casa:

Tejas. Control, racionalidad, rigidez de pensamiento, obsesión. Es importante observar si el tejado está compuesto por tejas colocadas minuciosamente o tejas menos cuidadas, ya que en este caso la interpretación es menos relevante.

Tuberías. Indican dificultad para resolver conflictos.

Corazones. Elemento poco habitual en el dibujo de la casa; sin embargo, es un elemento que aparece con frecuencia en los dibujos de las casas en tiempo de pandemia, como símbolo de necesidad de cariño y protección dentro del hogar.

¿Qué ocurre si la persona omite los elementos básicos de la casa como el tejado, la puerta, la chimenea o las ventanas?

Dependiendo del elemento que esté omitido va a dar pistas sobre la carencia del autor.

Si se omiten las ventanas. Existe un deseo de no ver los problemas dentro del hogar o la familia, una especie de venda en los ojos para evadir los problemas.

Si se omite la puerta. Indica defensa frente al medio, actitud combativa. En caso de niños puede indicar problemas con las relaciones en el colegio o fuera del hogar.

Si se omite el tejado. Revela poca creatividad e imaginación. La persona es más instintiva y carece de espiritualidad.

Si se omite la chimenea. Refleja pocos recursos para expresar o resolver sus problemas. El niño o el adulto se sienten impotentes para revelar sus emociones.

Los elementos que más se han omitido en los dibujos de casas en tiempo de pandemia son las ventanas y las puertas, lo que correlaciona con una negación a querer ver la realidad y una mayor introversión.

Dibujos de casas en tiempo de pandemia

Casa de chimenea sin humo. La chimenea hace alusión a los recursos que tenemos para comunicarnos en casa. Una chimenea indica que la persona tiene recursos, pero cuando no aparece el humo refleja mayor introversión.

Leo, 4 años. *Una casa con chimenea y sin humo. Refleja que el niño tiene recursos para comunicarse en casa, pero timidez e introversión para expresar lo que siente. Llama la atención el fuerte contraste de colores con tonos violetas y naranjas, que revelan una necesidad de cambio dentro del hogar, aunque a su vez fuerza y determinación. La puerta de colorines es un símbolo de optimismo frente a los obstáculos que están sucediendo en el exterior.*

Dibujar varias casas. Es frecuente en niños con padres separados que han tenido que vivir el confinamiento sin poder ver a uno de sus padres. En el caso de que no estén separados, indica necesidad de refugio o de visitar otros hogares de familiares o amigos próximos. En los adultos refleja cierto arraigo a su lugar de origen.

Es importante observar el número de casas que se dibujan, porque muchas veces el número de casas dibujadas guarda relación con los miembros que forman la familia. Es decir, si en una casa viven cuatro personas es probable que se dibujen cuatro casas como una relación inconsciente de los miembros de la familia más cercanos para el niño o el adulto que lo dibuja.

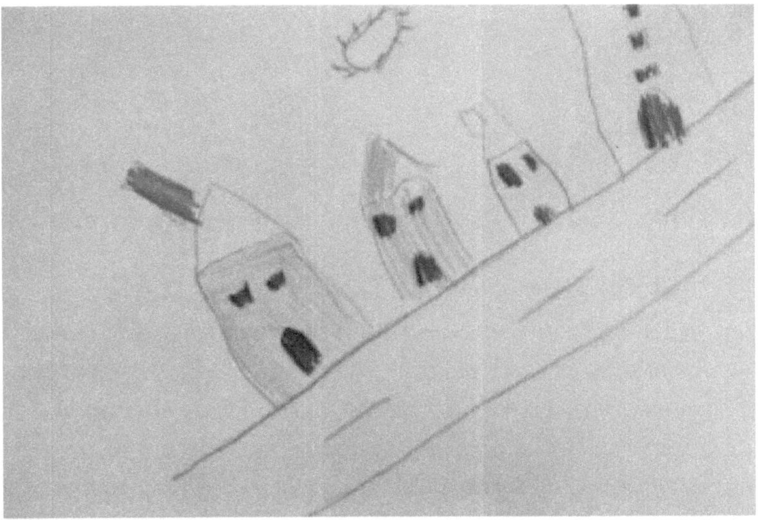

Leo, 4 años. *Aparecen cuatro casas, como una relación inconsciente de los miembros de la familia más significativos para el niño.*

Dibujo de casa regresivo. Dibujo donde la persona se proyecta en el pasado o a una edad inferior. Los dibujos de casas en sentido regresivo han sido habituales durante la pandemia, y reflejan una necesidad inconsciente de volver al pasado. Son habituales en hijos de padres recién separados. Tanto en niños como adultos indica melancolía.

Niña de 10 años. *Dibujo de una niña de diez años en el que se proyecta en una casa a una edad inferior a su edad habitual, ilustrándose como un bebé. Los padres se dan la espalda, propio de una falta de comunicación o entendimiento entre ambos y una necesidad inconsciente por parte de la niña de volver atrás. El ojo es otro elemento habitual en los dibujos de pandemia, reflejando hipersensibilidad y deseos de indagar todo lo que ocurre dentro del hogar. El cerrojo de la casa indica introversión y dificultad para expresar los problemas.*

Casa con corazones. Los corazones representan el afecto y el cariño. Es un símbolo inconsciente que representa la unión dentro del hogar.

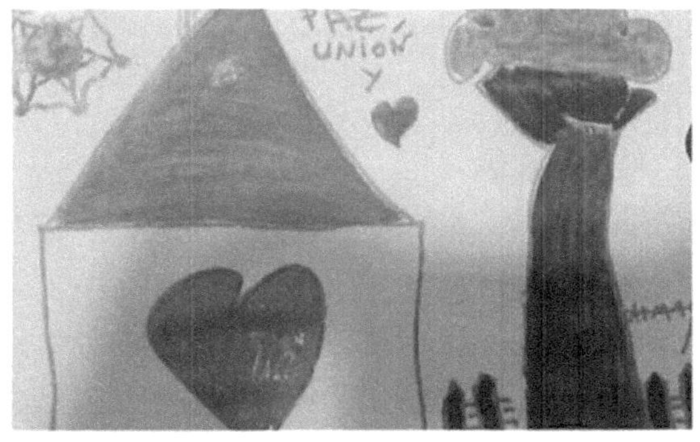

Dibujo de un niño de 7 años. *Se omiten elementos habituales como las ventanas y la puerta, y se añade un corazón que representa la unión dentro del hogar; el hecho de omitir dichos elementos revela cierta tendencia a no querer ver la realidad o los problemas que puedan surgir en el hogar.*

Casa en forma de plano. Es poco frecuente en niños, refleja visión espacial e inteligencia racional, pero a su vez una visión fría de su hogar. Si lo han dibujado arquitectos e ingenieros carece de interés interpretativo.

Dibujo de niño de 9 años, de padres recién separados. *El niño dibuja la casa de su padre con tonos oscuros y azulados. Son colores tristes que muestran poca comodidad en el hogar y tristeza. El hecho de dibujarla en forma de plano indica que el niño tiene una elevada visión espacial e inteligencia racional, pero percibe frialdad dentro del hogar.*

Casa con varios caminos. Los caminos representan apertura, debemos observar la dirección del camino de la casa. Si el camino va hacia la zona de la derecha indica extroversión, motivación y deseos de cambios sociales. Si el camino va hacia la izquierda señala reserva, dependencia a la familia y a la madre, también timidez para relacionarse con los otros. Un camino que va hacia la zona del centro representa la necesidad de controlar sus relaciones sociales con objetividad. Cuando se dibujan varios caminos, esto indica que la persona tiene ciertas inseguridades y ambivalencia con respecto al pasado y el futuro.

Esther, 42 años. *Casa con varios caminos que se dirigen hacia la zona de la izquierda y la derecha. Esto representa cierta ambivalencia frente a los cambios que están produciéndose en el exterior, preocupación por el pasado y el futuro. El uso del color en los adultos indica una conexión con su niño interior.*

Casa situada a la izquierda. Es importante conocer la ubicación de la casa. Una casa situada en la zona de la izquierda indica timidez y apego a la zona de confort. Si se encuentra en el centro refleja equilibrio entre la introversión y extroversión; si por el contrario se ubica a la zona de la derecha, revela poco arraigo a la familia y extroversión. En los dibujos en tiempo de pandemia predominan casas ubicadas en la zona de la izquierda del folio, propio de personas que tienen cierto arraigo a la familia. Es un rasgo habitual en personas que sufren el "síndrome de la cabaña".

Ingrid, 40 años. *Dibujo con una casa ubicada en la zona de la izquierda, lo que refleja a una persona tímida y con apego a la familia de origen. El camino en este caso se muestra en la zona del centro, propio de una necesidad de querer ver lo que está sucediendo en el exterior de manera objetiva y pragmática. Es una casa habitable que representa que la persona es familiar y se encuentra a gusto dentro del hogar. Las cortinas indican tacto social y cordialidad con el entorno social. El agua es un elemento inconsciente que se asocia a las emociones y dependencia a la familia. Los pájaros son un elemento frecuente en los dibujos en tiempo de pandemia como representación inconsciente de una necesidad de expansión y libertad.*

Casa con tejas minuciosas. Dibujar tejas de manera minuciosa simboliza un pensamiento excesivamente racional.

Hombre de 62 años. *El tejado está relacionado con la parte mental. Al dibujar tejas de manera minuciosa, refleja que la persona se obsesiona con lo que ocurre a su alrededor, perfeccionismo y carácter analítico.*

Casa con tejas sencillas y curvas. En este caso la capacidad para analizar y obsesionarse es menor, personas sensibles con tendencia a la imaginación y fantasía.

Mujer de 59 años. *Dibujo donde aparecen tejas con formas curvas, propio de una persona sensible e idealista. Llama la atención el suelo con formas curvas e inestables que revela que la persona padece ansiedad. Es un dibujo con detalle, pero sin minuciosidad, en el que se aprecia un estado de nerviosismo y preocupación familiar.*

Dibujar la caseta del perro. Las mascotas han jugado un papel importante en los dibujos realizados durante el confinamiento. Cuando la persona no tiene mascota y realiza la caseta del perro es un signo de necesidad de tener todo ordenado y un carácter protector con los suyos.

Obra de la artista Alicia García-Franco. *Desde el enfoque de las técnicas proyectivas, refleja una necesidad inconsciente de tener todo organizado, con un carácter protector y detallista. Aparece la caseta de Snoopy como símbolo regresivo que rememora recuerdos de su infancia. Las estrellas y la noche reflejan misterio y esperanza.*

Dibujo de casa con frases y omisión de elementos habituales. Se aprecian con frecuencia dibujos con frases que manifiestan un deseo consciente de expresar lo que uno siente.

Complementos accesorios en el dibujo de la casa

Es habitual encontrar elementos accesorios en el dibujo de la casa. Si por el contrario se invade el folio con un exceso de elementos, simboliza ansiedad y carencias afectivas.

En los dibujos de casas realizadas durante el confinamiento se observan varios elementos accesorios que nos aportan valiosa información sobre el estado emocional de las personas. Dichos elementos son:

Pájaros y mariposas. Tanto los pájaros como las mariposas indican necesidad inconsciente de perderse en su fantasía y sentido de libertad.

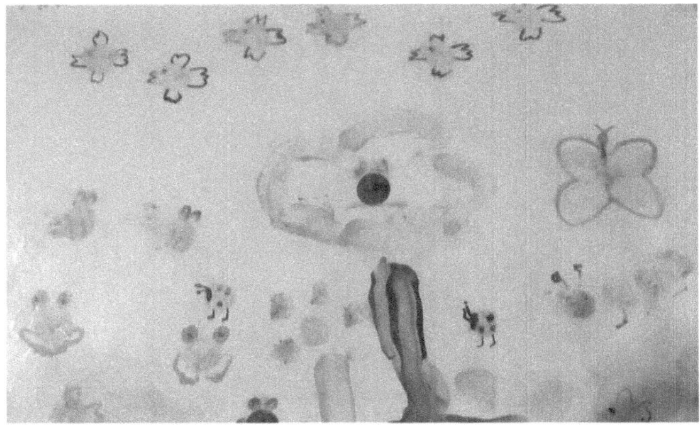

Mario, 4 años. *Aparecen varios elementos como las mariposas y los pájaros, indicando fuertes deseos de imaginar y fantasear.*

Sol. El Sol guarda relación con la figura paterna, por lo que es importante observar dónde se ubica el Sol y el color del mismo. Si el Sol se dibuja en la izquierda, refleja un padre protector y mayor apego al mismo; si por el contrario se dibuja en la zona de la derecha, mayor desarraigo con el padre y un padre más ausente o que comparte menos horas en casa. Si el color utilizado no es el habitual, debemos tener en cuenta cuál se ha escogido, ya que nos dará una información valiosa sobre el tipo de relación que el niño o el adulto tiene con su padre, e incluso el tipo de contacto que ha tenido durante el confinamiento.

Niño de 6 años. *Dibujo lleno de elementos accesorios. El hecho de ilustrar varias casas hace referencia a una necesidad inconsciente de huir de posibles tensiones familiares. La flor ubicada a la izquierda representa a la madre, a la cual admira y percibe como una mujer coqueta y bella. El Sol, en este caso coloreado de color rojo, representa la percepción del padre como un hombre temperamental y agresivo. El corazón ubicado en el centro simboliza el amor que el niño les puede dar para olvidar los posibles conflictos que representan las nubes. Un dibujo que manifiesta la tensión familiar provocada tras el confinamiento y que al niño le genera una sensación de angustia.*

Luna. Simboliza el principio femenino y la figura materna. En este caso es importante el lugar en el que aparece la Luna. Si se dibuja en la zona de la izquierda, la persona tiene mayor apego a la madre; si por el contrario se ubica en la zona de la derecha, se trata de una madre más despegada y menos protectora. En los dibujos en tiempo de pandemia predominan lunas ubicadas en la zona de la izquierda, lo que correlaciona con una mayor unión y necesidad de contacto con la madre.

Nubes. Las nubes simbolizan problemas y tensiones. Es importante observar el número de nubes que se dibujen y preguntar: "Si esa nube fuera una persona, ¿quién sería?". Si por ejemplo responde: "Mi padre", nos estaría alertando sobre conflictos con el padre. Si por el contrario la nube presenta colores claros, es símbolo de imaginación y fantasía. Durante el confinamiento aparecen varios dibujos en los que aparecen nubes, y la persona no lo relaciona con ninguna persona en concreto. En ese caso, reflejan conflictos que proceden del exterior o que no están vinculados a ninguna persona.

Plantas y árboles. Son un símbolo de bienestar en el ambiente familiar, siempre y cuando no estén coloreadas con tonos oscuros ni con árboles desnudos.

Agua. El agua se relaciona con el inconsciente y las emociones. En algunos de los dibujos realizados durante el confinamiento aparecen estanques, cascadas y peces. Si el agua está en movimiento simboliza inquietud emocional; si por el contrario se encuentra en reposo, pasividad y apego a la madre. Los peces representan fecundidad y nacimiento, y han predominado en dibujos de mujeres que se quedaron embarazadas durante la pandemia.

¿Cómo podemos detectar el síndrome de la cabaña en el dibujo de la casa?

Tras varios meses encerrados en casa, algunas personas han padecido **diversas consecuencias negativas a nivel psicológico.**

Estas sensaciones de temor han generado el denominado **"síndrome de la cabaña", que es el miedo o rechazo a salir de nuestra zona de confort.** A pesar de que no está claro el origen del síndrome de la cabaña, muchos autores lo remontan a principios del siglo XX, ya que en esta época muchos colonos americanos invernaban en sus cabañas, experimentando depresiones, ansiedad e impotencia por la sensación de sentirse enjaulados.

Se manifiesta con dificultad de concentración, insomnio, temor, miedo al futuro, ansiedad, cambios de humor, frustración, tristeza, arraigo, etc.

Todos estos síntomas se expresan a través del dibujo de la casa, que es una proyección que nos permite conocer la percepción inconsciente que tenemos de nuestro hogar y la familia, pero también el contacto y la percepción del exterior. Dicho síndrome se ha dado tanto en niños como en adultos.

¿Qué trazos o elementos nos permiten saber si padecemos el síndrome de la cabaña a través del dibujo de la casa?

— **Casa ubicada a la izquierda.** Las zonas de la izquierda guardan relación con el hogar, la introversión y apego a la zona de confort. Las personas que suelen ocupar las zonas de la izquierda del folio suelen ser más reacias a los cambios.

— **Casa con tejas.** Las tejas guardan relación con la parte mental. Cuando en el tejado aparecen tejas es un símbolo de personas con cierta tendencia a la obsesión.

— **Casa coloreada con tonos negros, grises, rojos y azulados.** El negro es un color que se relaciona con las pérdidas y el miedo; cuando se combina con el rojo guarda una relación inconsciente con la agresividad y la ansiedad. El gris y el azul son colores hipotensores que simbolizan cierta pasividad, sensibilidad, tristeza y melancolía.

— **Trazos en zigzag.** Los trazos en forma de "z" reflejan ansiedad y nerviosismo. En este caso esa ansiedad proviene del miedo a salir de casa.

— **Casa con camino de piedras en dirección a la derecha.** Los caminos guardan relación con el exterior con aquello que está fuera de nuestro lugar de origen. Cuando aparecen piedras y el camino se dirige hacia la derecha refleja miedo a lo que está por venir, una sensación de que nos ponen trabas para seguir con nuestro camino.

— **Casa con cerrojo y mirilla.** Los cerrojos y las mirillas en la puerta representan obsesión y desconfianza hacia lo que está fuera de nuestra casa.

Niña de 10 años. *Se aprecian todos los elementos mencionados, que revelan que la niña padece el denominado "síndrome de la cabaña".*

El dibujo del árbol
Escuchar al inconsciente en tiempos de pandemia

"La voz del inconsciente es sutil, pero no descansa hasta ser oída".

Sigmund Freud

La COVID19 ha cambiado nuestro estilo de vida, provocando una mutación en la sociedad que ha transformado nuestra conducta. Las muertes, el confinamiento que limita el contacto social o el miedo al futuro generan emociones negativas en nosotros que se graban en el inconsciente, el cual nos dará pistas para aprender a sanar aquello que nos limita y así aprender a superar los obstáculos a los que nos enfrentamos.

A través del dibujo, el inconsciente habla y manifiesta todo aquello que de un modo u otro nos marca. El dibujo del árbol es una proyección inconsciente, ya que al no percibirlo como un dibujo donde estamos proyectándonos a nosotros mismos, es mucho más espontáneo que si nos autorretratamos.

Esta proyección fue creada por el psicólogo suizo Karl Koch, el cual decía que el árbol guardaba relación con la evolución psicológica del sujeto.

A través del dibujo del árbol podemos conocer:

* La visión inconsciente de nosotros mismos.
* La autoestima.
* Experiencias que nos marcan.
* La creatividad y la capacidad para ejecutar.
* La espiritualidad y escepticismo.
* Pérdidas que nos marcan.

¿Qué representa cada elemento del árbol?

Tronco. Simboliza la fortaleza. La capacidad para afrontar las dificultades. También se relaciona inconscientemente con el cuerpo y el instinto.

Copa. Refleja el mundo de las ideas, la creatividad e imaginación. Es un elemento asociado a la espiritualidad y la creatividad. **En los dibujos en tiempo de pandemia predominan árboles con copas de mayor tamaño que el tronco.**

Ramas. Indican el contacto con los otros, la sociabilidad. Recursos para desenvolverse. **En los árboles dibujados durante la pandemia no suelen aparecer las ramas, lo que correlaciona con una manifestación inconsciente de falta de contacto social.**

Raíces. Se relacionan con las costumbres, el arraigo y el apego a la familia de origen. **Es habitual en los dibujos realizados durante la pandemia encontrar**

árboles con raíces pronunciadas, ya que al pasar más tiempo en casa se genera mayor dependencia a la familia.

Suelo o césped. El contacto con lo terrenal. **En los dibujos de los árboles realizados durante el confinamiento predominan suelos sinuosos como reflejo de inestabilidad.**

Frutas. En niños es frecuente. Simboliza la dependencia y el apego a la madre. Sin embargo, en adultos es menos usual y refleja dependencia en las relaciones personales. **A veces simboliza el apego a los hijos o a su pareja, personas sociables aunque con miedo a la soledad.**

Tronco con manchas o agujeros. Simbolizan problemas que nos marcan y se han grabado en el inconsciente. En este caso es aconsejable saber la edad del niño o el adulto que ha dibujado el árbol. Las manchas o roturas que están en la zona superior son problemas recientes. Si están en el centro, indican problemas que le dejaron huella en mitad de su vida, y si están al inicio del tronco, experiencias que le marcaron al inicio de sus primeros años de vida. Si tiene varias roturas es símbolo de sufrimiento a lo largo de su vida. **En los dibujos realizados durante la pandemia predominan manchas o roturas en la zona superior, lo que correlaciona con problemas recientes que han marcado en la vida del autor del dibujo.**

Elementos frecuentes en los dibujos de árboles realizados en tiempo de pandemia

Nido. Relacionado con el hogar y reclamo de cuidados. En niños es normal por la dependencia hacia la madre. En adultos se relaciona con el deseo de ser padre o madre de manera inconsciente. Me he encontrado dibujos con nidos en mujeres que se quedaron embarazadas durante el periodo del confinamiento de marzo del 2020.

Elementos que caen. Tanto en niños como en adultos, si del árbol caen frutas o flores simboliza una pérdida que les ha marcado. Es habitual cuando la persona está pasando un duelo. En los dibujos realizados durante la pandemia me he encontrado elementos que caen en dibujos de personas que han experimentado una pérdida significativa en estos tiempos y en personas que han sufrido separaciones o rupturas tras el confinamiento.

Arco iris. Es más frecuente en niños. Personas alegres y optimistas con tendencia a ver el lado positivo de las cosas. Es un elemento que ha predominado en los dibujos de los niños en este periodo de confinamiento, donde se ha demostrado su actitud optimista para afrontar los problemas que nos acontecen.

¿Qué ocurre si la persona omite elementos habituales del árbol?

Árbol sin tronco. Cuando solo se ha realizado la copa o el follaje sin tronco, nos encontramos ante una persona imaginativa pero sin contacto con la realidad.

Árbol sin copa o talado. Refleja pérdidas. En ocasiones es una alerta de un posible estado de depresión y autoestima baja.

Árbol sin ramas. No dibujar ramas es menos alarmante y más frecuente. El hecho de no dibujarlas indica un carácter independiente y una menor necesidad de contacto. **En los dibujos realizados durante la pandemia predominan árboles sin ramas como reflejo inconsciente de esa falta de contacto social.**

Árbol sin raíces. Las raíces simbolizan las costumbres y lo oculto. Su ausencia indica que son personas con poco arraigo a las tradiciones y menos terrenales.

Árbol sin césped o suelo. Poco contacto con la realidad. Tanto en niños como en adultos es símbolo de inestabilidad en la familia. En los dibujos realizados durante la pandemia predominan suelos sinuosos por esa falta de estabilidad.

Ubicación del árbol y otros aspectos a tener en cuenta

La ubicación del árbol en el papel comparte la misma interpretación que la ubicación del dibujo de la casa.

Un árbol ubicado en la zona de la izquierda del folio revela que la persona es introvertida, así como mayor apego al hogar y a la familia. Es habitual en los dibujos realizados durante la pandemia.

Si está dibujado en el centro indica control y búsqueda de equilibrio.

Si se encuentra en la zona de la derecha indica extroversión.

En el dibujo del árbol es importante tener en cuenta la edad del niño o el adulto que lo ha dibujado, principalmente si se han dibujado manchas en el tronco, para poder indagar sobre la edad aproximada en la que le marcó un determinado suceso.

¿Qué tipos de árboles aparecen en los dibujos realizados en tiempo de pandemia?

Árboles con manchas en la zona superior del tronco. Las manchas en el tronco están relacionadas con problemas o sucesos que nos marcan. Si estos agujeros o manchas aparecen en la parte superior del tronco indica que el sujeto tiene problemas en el presente o en el pasado más reciente.

Mujer de 29 años. *Sitúa el árbol en la zona de la izquierda como símbolo de apego a la familia y a la zona de confort. El agujero ubicado en la zona superior del tronco se relaciona con un suceso traumático que le ha marcado en los dos últimos años de su vida. El suelo sinuoso es un reflejo de inestabilidad emocional y angustia.*

Árboles situados a la izquierda. Las zonas de la izquierda correlacionan con la zona de confort y la familia; por lo tanto, indica que el sujeto tiene mayor apego al hogar.

Árboles con copas de mayor tamaño que el tronco. Las copas de gran tamaño con respecto al tronco están relacionadas con la imaginación y fantasía. En este caso indica que la persona necesita crear y conectar con la parte idealista.

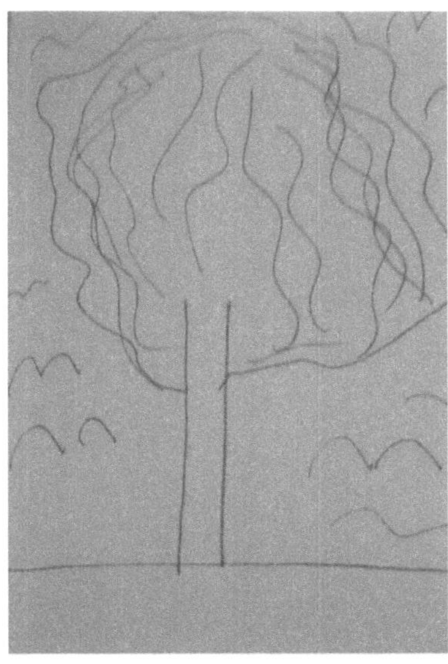

Hombre de 30 años. *Copa de mayor tamaño que el tronco. Símbolo de mayor imaginación y poco contacto con la realidad. Los pájaros que adornan el dibujo representan esa necesidad de libertad y capacidad para crear.*

Árboles ambientados en el invierno. Desde el enfoque de las técnicas proyectivas, la estación del invierno se relaciona con el distanciamiento y la frialdad. Si el dibujo se realiza en la estación del invierno carece de interés interpretativo. Los meses de confinamiento en España coincidieron con la estación de la primavera y se han podido apreciar muchos dibujos ambientados en el invierno, lo que guarda relación con ese sentimiento de frialdad y distanciamiento social.

Obra de la artista Alicia García-Franco. *Paisaje ambientado en el invierno. Desde el enfoque de las técnicas proyectivas gráficas, revela distanciamiento, pero con un toque de calidez y esperanza.*

Árboles en movimiento. Simboliza una necesidad de cambio y movimiento. Personas inquietas y nerviosas. Es importante observar si los árboles se mueven hacia la izquierda, lo que indica estancamiento y necesidad de mirar atrás, o si por el contrario se mueven hacia la derecha, reflejando que la persona siente necesidad de movimiento y de mirar hacia adelante.

Obra de la artista Alicia García-Franco. *Los árboles se mueven hacia la zona de la derecha lo cual indica que la persona tiene nerviosismo, pero necesidad de mirar hacia adelante. El número de árboles dibujados, en este caso cinco, está relacionado con el número de personas cercanas al sujeto.*

Dibujo del árbol genealógico. Ha sido habitual en los dibujos realizados por los niños durante la pandemia. Representa un sentimiento de nostalgia hacia sus familiares y preocupación por los mismos.

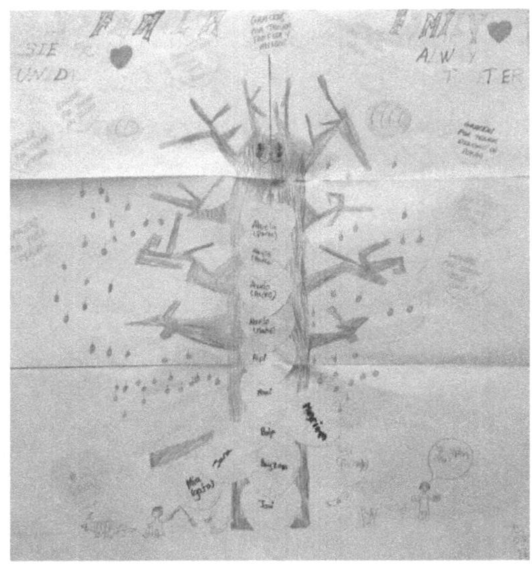

Javi, 11 años. *Dibujo de un árbol compuesto por todos los miembros de su familia con palabras de agradecimiento. Las ramas simbolizan unión, generosidad y contacto familiar.*

Árboles con escritos de palabras de amor y solidaridad. Escritos en la copa como una necesidad consciente de unión y solidaridad. Han sido dibujos frecuentes en niños.

Hugo, 12 años. *Árbol con hojas que recogen mensajes de empatía, justicia, amor, tolerancia, etc. Simboliza un deseo consciente de actuar con unidad en tiempos difíciles. Una vez más, los niños nos enseñan a los adultos a actuar desde el corazón a pesar de las dificultades.*

Palmeras. Las palmeras indican necesidad de cambio y capacidad para adaptarse a las circunstancias.

Mujer, 86 años. *Las palmeras reflejan capacidad de adaptación a las circunstancias. El hecho de ser un dibujo proyectado en el invierno y más concretamente en la Navidad revela nostalgia.*

Flores. Simbolizan vanidad y coquetería. La flor tiene poca vida, por lo que también se asocia a un deseo de vivir el momento y disfrutar de los placeres de la vida. Correlaciona con el lema *Carpe diem.* Frecuente en los dibujos realizados durante la pandemia, por esa necesidad de aprovechar el momento tras el confinamiento.

Obra de la artista Carmen Casanova, de la cuenta de Instagram @carmen_casanova_art. *Flores con combinación de colores violetas, azulados y grisáceos, que reflejan desde el enfoque de las técnicas proyectivas un sentimiento de cambio, paz, placer y espiritualidad.*

Árboles frutales. En el caso de los niños están relacionados con el apego a la madre. En el caso de los adultos, dependencia hacia los seres más próximos. Normalmente el numero de frutos dibujados está asociado con el número de familiares o personas importantes para el autor del dibujo.

Ingrid, 40 años. *Los frutos indican apego a los seres queridos. Persona familiar y alegre. Los adornos que aparecen como las flores y algunos animales están vinculados a un carácter protector, alegre, imaginativo y con necesidad de vivir el momento.*

Árboles con frutos que se caen. Los frutos que se caen se relacionan con las pérdidas. Ha sido habitual en personas que están pasando un duelo tras las pérdidas, rupturas o separaciones producidas durante la pandemia.

Mujer de 51 años. *Dibujo de una mujer que perdió a dos familiares importantes durante la pandemia. Inconscientemente esas pérdidas las proyecta con la caída de los dos frutos. El suelo sinuoso y los trazos en zigzag revelan ansiedad.*

Plantas con colores inusuales y vivos. En estos casos debemos interpretarlo según el color utilizado. Símbolo de optimismo si son colores vivos, y si por el contrario son tonos oscuros o colores hipotensores como son el azul, el negro y el gris, indican tristeza y melancolía.

Alumnos de Mar Olayo. Fundadora de la Asociación de Escritores Cinco Palabras, de la cuenta de Instagram @cincopalabras5. *Hojas con diversos colores. Las hojas se relacionan con aquello que cosechamos a base de constancia y esfuerzo. En este caso representa un temperamento creativo y alegre.*

La figura humana
La imagen que proyectamos ante el caos
"El síndrome de la cara vacía"

"Todos piensan en cambiar el mundo, pero nadie piensa en cambiarse a sí mismo".

León Tolstoi

En la situación actual en la que nos encontramos muchas personas han caído en el victimismo, intentado buscar los errores en los demás, pero **de nada sirve quejarse si no tenemos la humildad de aportar nuestro granito de arena en la sociedad, modificando aquellas conductas que nos perjudican, para que así entre todos podamos vencer al COVID.**

El dibujo de la figura humana, a diferencia de la proyección del árbol, es un dibujo consciente que nos permite saber cuál es la imagen que nosotros queremos plasmar a los otros y la percepción que podemos tener de una persona cercana.

Durante la pandemia muchas personas se han autorretratado o han dibujado a personas de su entorno más cercano, lo que ha permitido conocer el autoconcepto que una persona tiene de sí misma cuando se encuentra en un momento de cambio o la confianza que deposita en aquellas personas cercanas, así como la expresión consciente de la situación actual en la que nos encontramos.

Es un dibujo que nos permite conocer:

- El autoconcepto y la autoestima.
- La imagen que queremos proyectar al exterior.
- La relación que tenemos con alguien significativo para nosotros.
- La sociabilización y adaptación al entorno.
- La dependencia e independencia.
- La importancia de la sexualidad.
- Manifestación consciente de la realidad.

Elementos habituales en el dibujo de la figura humana

Cabeza. Simboliza la inteligencia, la creatividad e imaginación. En niños es frecuente encontrar figuras humanas con cabezas muy grandes. **En la pandemia predominan cabezas grandes y cuerpos pequeños, ya que alude a ese contacto con la parte fantasiosa y en el caso de los adultos, conexión con el niño interior.**

Cara. Se relaciona con la afectividad y el modo en que nos expresamos.

Cabello. Representa la sensualidad, la fortaleza y la sexualidad. Es un símbolo de virilidad.

Ojos. Se relaciona con el detallismo, la capacidad de observación y curiosidad. **En los dibujos del tiempo de pandemia predominan los ojos marcados y pronunciados, ya que el uso de mascarilla nos permite ocultar el resto de elementos de la cara. Esta realidad ya se manifiesta en los dibujos de manera notoria, principalmente en los dibujos de los niños.**

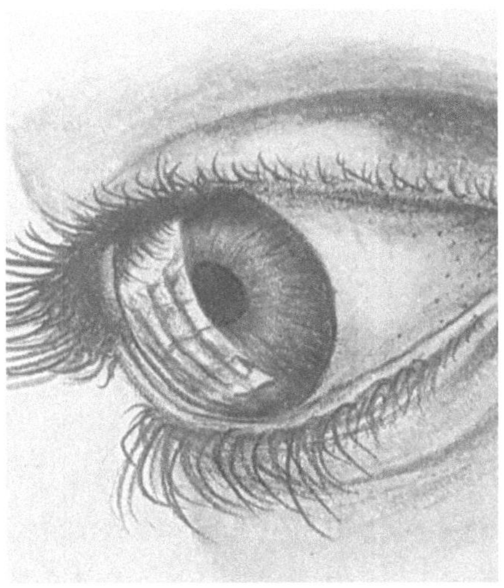

Obra "Miradas", del artista José Miguel López Sales, de la cuenta de Instagram @jomilosa68. *Una obra donde se plasma la sensación que nos transmite la mirada. Los ojos, desde el enfoque de las técnicas proyectivas gráficas, se relacionan con el deseo de descubrir y una mayor percepción sensitiva.*

Nariz. No aparece siempre. Es un elemento que también se ha considerado como elemento fálico, por actuar como órgano secretor. En los dibujos de varones nos aporta información sobre posibles problemas sexuales.

Boca. Se relaciona con la capacidad de comunicación y los placeres primarios.

Orejas. No siempre se dibujan, pero en el caso de que aparezcan simbolizan la necesidad de estar en alerta, sujetos con mayor preocupación por el "qué dirán".

Cuello. Representa el control entre la parte mental y el impulso.

Cuerpo/tronco. Se relaciona con el físico, la sexualidad y el impulso.

Hombros. Simboliza el orgullo, la autodeterminación y el poder o necesidad de reconocimiento.

Senos. Se relaciona con la madre y el apego a la misma. Dependencia a las mujeres o a la figura materna. En adolescentes es frecuente que se marquen los senos en los dibujos.

Brazos. Representa la sociabilidad y la entrega a los demás. **La falta de contacto social ha generado que en muchos de los dibujos realizados durante la pandemia se omitan los brazos.**

Piernas. Símbolo de independencia y contacto con la realidad.

Pies. Representa la toma de decisiones, la agresividad y sexualidad.

Vestimenta. Preocupación por la apariencia y estética.

Obra de la artista Carmen Casanova, de la cuenta de Instagram @carmen_casanova_art. *Es un reflejo de la denominada moda genderless, la tendencia de moda sin etiquetas que se vivió en las pasarelas de la Fashion Week de este año 2020. Una tendencia que representa la igualdad de género y aceptación de la diversidad.*

Desde el enfoque de las técnicas proyectivas gráficas, destaca el contraste de colores rosas y negros de la vestimenta que hacen alusión al amor y a su vez el miedo a la pérdida. Por otro lado, el collar es un elemento que representa el control entre la parte mental y el instinto.

Elementos menos frecuentes en el dibujo de la figura humana

Cejas. Por lo general no se suelen dibujar las cejas. En el caso de que estén dibujadas se relaciona con la sensualidad y energía psicosexual.

Botones. El hecho de dibujar un vestido o una camisa con botones es un símbolo de dependencia. Si nos estamos dibujando a nosotros mismos, indica necesidad de contacto. Si estamos dibujando a otra persona, dependencia hacia el sujeto realizado. **Ha sido un elemento habitual en los dibujos hechos por niños durante la pandemia, por esa necesidad de apego a la familia.**

Cinturón. Necesidad de controlar el instinto. En niños se relaciona con presiones por parte de los padres o el colegio; en adultos simboliza personas controladoras que necesitan reprimir las emociones. Ha sido un accesorio habitual en los dibujos realizados por adultos durante el confinamiento, por esa percepción consciente de falta de libertad y sometimiento.

Corbata. Está relacionado con la energía psicosexual y la preocupación o necesidad de reconocimiento social. En caso de niños es menos usual que dibujen corbatas. Si están dibujando a alguna persona que suele llevarlas no tiene relevancia, pero si dibujan a su padre o madre con corbata indica que les perciben como personas trabajadoras y ambiciosas. En los dibujos realizados durante la pandemia ha sido habitual el uso de las corbatas por esa preocupación por el trabajo y la parte material.

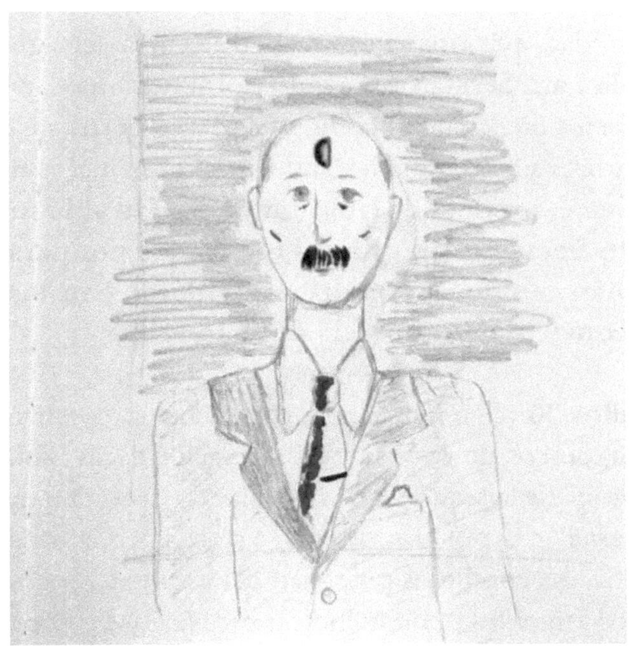

Mujer de 44 años. *El uso de la corbata en este caso indica que la mujer percibe al hombre que ha dibujado como a una persona ambiciosa y de autoridad. La omisión del cuerpo representa un contacto personal basado en el intelecto. Los trazos en zigzag que rodean la cabeza de la figura humana en cuestión simbolizan inquietud e inteligencia rápida, pero a su vez son trazos que indican nerviosismo.*

Pipa o cigarro. Si la persona que estamos dibujando fuma, o si nos estamos dibujando a nosotros mismos y fumamos, no guarda relevancia. Los niños suelen dibujarlo cuando dibujan a su padre o madre y son fumadores. De no ser así, es un símbolo sexual y se relaciona con preocupación sexual.

Dientes. Tanto en niños como en adultos representa agresividad, personas que pueden llegar a ser agresivas verbalmente. Si están dibujando a otra persona es porque perciben a dicho sujeto como una persona estricta, directa y agresiva. Si se dibuja a sí mismo, revela necesidad de expresar emociones de rabia y angustia. **Ha sido un elemento frecuente en dibujos realizados por personas que han tenido conflictos con sujetos con los que han convivido durante el confinamiento.**

Bolsillos. Revelan inmadurez, dependencia, conflictos internos, deseos de ocultar. Si los bolsillos están dibujados en la zona de la izquierda, los problemas proceden del ámbito familiar. Si por el contrario se realizan en la zona de la derecha, los conflictos proceden del exterior. En casos de dibujos infantiles podrían indicar problemas en el colegio.

Bolsos. Se relaciona con un deseo de proteger a los suyos. Personas reservadas y misteriosas. En niños es menos frecuente, pero de ser así indica introversión y reserva.

Obra de la artista Carmen Casanova, de la cuenta de (Instagram @carmen_casanova_art). *Desde el enfoque de las técnicas proyectivas gráficas llama la atención el uso del color solo por la zona de la derecha del bolso y la omisión del color en la zona izquierda, lo que representa un deseo consciente de prosperar en el futuro y miedo a revivir situaciones de pérdida.*

Zapatos con cordones. Personas perfeccionistas, necesidad de controlar. Los cordones también han sido un accesorio habitual en los dibujos realizados durante el confinamiento, ya que precisamente aluden a esa falta de libertad para caminar o desplazarse.

Mujer de 40 años. *Dibujo donde se ilustra con zapatos de cordones, dientes pronunciados y su mascota. Los cordones reflejan una sensación de impotencia y necesidad de libertad. Los dientes pronunciados con un rostro sonriente revelan control, pero a su vez una angustia que necesita ser expresada, una persona que puede llegar a ser hiriente a través de la palabra. La mascota en este caso carece de interés interpretativo porque ilustra al propio perro de la dibujante.*

Mascarillas. Accesorio primordial en los dibujos de figuras humanas en tiempo de pandemia, es una expresión consciente de la realidad social a la que nos enfrentamos. **También guarda cierta relación con sentimientos de rabia e impotencia.**

Ilustración de la artista Ana Cantalapiedra, de la cuenta de Instagram @con_lacabeza_en_las_nubes. *Llama la atención el cuello largo del dibujo, signo de sensibilidad y sublimación del instinto. El color verde de la mascarilla compuesta por plantas son un reflejo consciente de necesidad de culminar con la etapa en la que nos encontramos y alcanzar madurez, pero sin perder la esperanza. La omisión de los brazos ha sido frecuente en los dibujos realizados durante la pandemia por esa falta de contacto social.*

¿Qué pasa cuando se omiten algunos rasgos faciales?

Sin rasgos faciales. Problemas de identidad. Personas con dificultad para comunicarse. Actitud defensiva frente al medio.

Sin ojos. Sujetos que no quieren ver la realidad. Tendencia a evadirse de los problemas y la realidad. **Ha sido poco habitual encontrar dibujos sin ojos en los dibujos realizados en tiempo de pandemia, pero sí de figuras humanas con ojos cerrados.**

Sin nariz. En niños es habitual y carece de interpretación. En adultos podría indicar conflictos sexuales y timidez.

Sin boca. Revela impotencia para comunicar. Falta de libertad para manifestar o expresar sus ideas. En adultos, también puede guardar relación con timidez para establecer contactos sexuales. **La omisión de la boca y la nariz ha sido habitual en los dibujos realizados en tiempo de pandemia, por el uso de mascarilla, pero eso tiene también una explicación inconsciente que revela aislamiento social.**

Sin cuello. En niños hasta los 9 años es habitual y no guardaría mayor relevancia; en adultos y niños a partir de 10 años, refleja impulsividad y poco control entre la parte espiritual e instintiva.

Sin cuerpo. Tanto en niños como en adultos, si están dibujando a los padres es habitual que se omita, ya que la zona genital esta reprimida. En el caso de que se estén dibujando a sí mismos, control y represión de la parte instintiva. **En los dibujos realizados durante la pandemia predominan figuras sin cuerpo tanto en niños como en adultos, lo que revela una mayor conexión con la parte mental e imaginativa, pero represión del instinto.**

Sin manos o brazos. Poco contacto con el entorno social, aislamiento y egoísmo. **La omisión de los brazos ha sido otro elemento habitual en los dibujos de las figuras humanas, ya que expresa una realidad consciente de mayor falta de contacto con los otros.**

Sin piernas. Sujetos dependientes y con poca movilidad. La persona percibe que tiene poca libertad de movimiento y autonomía.

Sin pies. Poco contacto de la realidad, personas con tendencia a evadirse y perderse en su propia fantasía. En adultos es símbolo de inmadurez.

En todos los dibujos debemos tener en cuenta las zonas que ocupamos del papel, así como la edad del dibujante y el sexo, pero en esta proyección adquiere mayor importancia conocer la edad de la persona y su sexo, ya que nos dará pistas para detectar posibles problemas de abusos sexuales, y en el caso de la edad es importante para conocer sucesos del pasado o actuales que pueden condicionarle.

La ubicación. Dibujar la figura humana en el centro, a la derecha o a la izquierda, al igual que en el dibujo del árbol y la casa, nos indica el nivel de sociabilidad de la persona. Una persona dibujada en el centro revela necesidad de control y equilibrio. Si está dibujada a la izquierda indica un carácter nostálgico y reservado. Si por el contrario se dibuja en la zona de la derecha, extroversión y apertura. Cuando se dibuja a los padres es frecuente que los encontremos dibujados en la zona de la izquierda de manera inconsciente, porque dicha zona correlaciona con el hogar, la familia y la zona de confort. **En los dibujos realizados en tiempo de pandemia predominan figuras humanas ubicadas a la izquierda o mirando hacia la izquierda, lo cual manifiesta apego a la zona de confort y sentimientos de nostalgia.**

La edad. Es aconsejable (al igual que en todos los dibujos) conocer la edad de la persona que los ha dibujado, pero en este caso cuando la persona se esté dibujando a sí misma es recomendable preguntar qué edad tiene la figura humana que ha dibujado. Si por ejemplo nos dice que ha dibujado a una persona de 10 años y ella tiene 15, se trata de un dato significativo, ya que a esa edad es probable que el sujeto guarde algún suceso que le marcó. Si responde la edad que tiene, revela conformidad en el momento presente, y si se pone más años, deseos de evolucionar. En niños es frecuente que digan que la persona que han dibujado tiene más años que ellos. En adultos es poco habitual. **No obstante, llama la atención en los dibujos realizados por niños durante la**

pandemia que se proyectan a edades inferiores de lo que les corresponde, lo cual refleja que el niño siente la necesidad de volver atrás y añora momentos de su pasado.

El sexo. Normalmente solemos dibujarnos a nosotros mismos, pero si dibujamos a una persona del sexo opuesto indica preocupación o interés hacia la persona dibujada.

Dibujos de figuras humanas realizadas en tiempo de pandemia

Figura humana con ojos cerrados. Los ojos representan la capacidad de observación, sensibilidad y detallismo. Dibujar a personas con ojos cerrados refleja una actitud evasiva y necesidad de aislamiento.

Obra de la artista Miriam Pablos López, de la cuenta de Instagram @maivonren. *Dibuja a una mujer con los ojos cerrados transmitiendo una sensación de paz y relajación. Las flores que adornan la obra reflejan optimismo y vanidad. La flor tiene poca vida o duración, por lo tanto también se alude a esa necesidad de vivir el momento. Los colores que predominan son el azul y el blanco que revelan calma, nostalgia y paz.*

Figura humana proyectada a la izquierda. La tendencia a ocupar las zonas de la izquierda del papel es frecuente en los dibujos realizados durante el confinamiento, ya que reflejan melancolía, introversión y apego a la zona de confort y la familia.

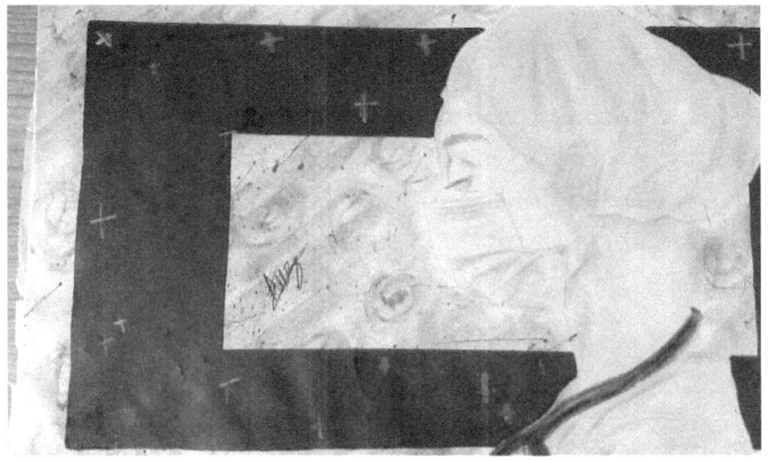

Dibujo de Ana Sofía Restrepo (14 años), de la cuenta de Instagram @annita_art965. *Ana ilustra a una enfermera mirando hacia la zona de la izquierda. Es un dibujo en sentido regresivo que expresa introversión y nostalgia. Los colores que predominan son el azul claro, el verde y el amarillo, tonalidades que expresan que la autora del dibujo posee una elevada carga emocional sin perder la fe y el optimismo.*

Figura humana con cuerpo omitido

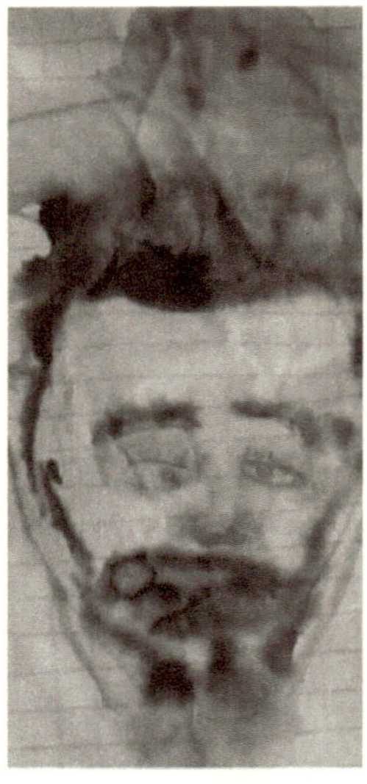

Dibujo de una niña de 11 años. *Dibujo con tonos azulados y oscuros que manifiestan que es una niña sensible y con cierto miedo a la soledad. Es un retrato de su profesor, por lo tanto el hecho de omitir el cuerpo tiene su lógica, ya que le percibe desde un enfoque intelectual.*

Figura humana con frases que expresan nostalgia. Cuando escribimos en un dibujo estamos proyectando una necesidad consciente de expresar lo que sentimos. En los dibujos realizados durante la pandemia ha sido habitual.

Obra de la artista Miriam Pablos López, de la cuenta de Instagram @maivonren. *En esta obra se expresa de manera clara y directa la añoranza hacia la persona retratada. Las plantas que adornan la cabeza manifiestan esa necesidad de cuidar y proteger. No podemos olvidar que las plantas necesitan riegos y cuidados, y el hecho de añadirlas por la cabeza aluden a aquello que escudamos.*

Figuras humanas desnudas. Las figuras desnudas han sido menos frecuentes en los dibujos realizados durante la pandemia, donde en su mayoría se omitía el cuerpo. Aún así hay algunas ilustraciones donde se omite la ropa. Los cuerpos desnudos pueden hacer alusión a una preocupación por el propio cuerpo o hacia alguien del sexo opuesto.

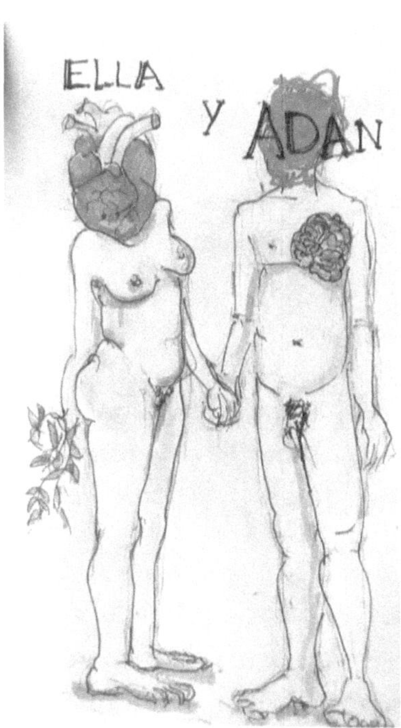

Dibujo de la artista Ana Cantalapiedra, de la cuenta de Instagram @con_lacabeza_en_las_nubes. *Una ilustración que trata con ironía la parte femenina en la que predomina la emoción, y la parte masculina marcada por la parte racional. Las figuras se dan la mano, pero los cuerpos van en distintas direcciones. Se puede apreciar mayor receptividad por parte de la mujer y mayor distancia por parte del hombre. Un dibujo que desde el enfoque de las técnicas proyectivas invita a reflexionar sobre las relaciones de pareja.*

Figura humana con gafas. Cuando la persona retratada tiene gafas carece de interés interpretativo. Si por el contrario no lleva gafas y se dibujan, revela una necesidad de querer indagar y profundizar sobre la situación actual.

Ilustración de Zyanya Arellano Martínez, de la cuenta de Instagram @zyanur4. *Las gafas rojizas desde el enfoque de las técnicas proyectivas gráficas simbolizan un espíritu inquieto y pasional. Algunos elementos que aparecen en la mesa como las tijeras representan una necesidad consciente de cortar antiguas situaciones, y los delfines simbolizan ingenuidad y un temperamento emocional. Los escritos que aparecen invitan a reflexionar sobre la realidad de aprender a estar en soledad, una de las grandes lecciones que nos ha enseñado la COVID19.*

Figuras de médicos y personal sanitario. Dibujar al personal sanitario ha sido frecuente por parte de los niños. La admiración hacia los médicos es uno de los sentimientos destacados por parte de los más pequeños en sus dibujos.

Valentina, 11 años. *Dibujo donde Valentina ilustra a la perfección la situación actual. Llama la atención las zonas del papel que ocupa: a la izquierda sitúa a los enfermos y el personal sanitario; a la derecha el virus. Desde el enfoque de las técnicas proyectivas gráficas, la izquierda se relaciona con el origen y el pasado y la derecha con lo que está en el exterior. Por lo tanto, aparece ese temor inconsciente a lo que nos vendrá en un futuro. Un dibujo que revela necesidad de acción y pragmatismo.*

Figura humana proyectada en la noche. La noche, desde el enfoque de las técnicas proyectivas gráficas, simboliza el misterio y lo oculto. La Luna representa el principio femenino y la madre. Han sido elementos frecuentes en los dibujos en tiempo de pandemia, ya que inconscientemente reflejan necesidad de protección y una mayor sensibilidad.

Ilustración de la artista Ana Cantalapiedra, de la cuenta de Instagram @con_lacabeza_en_las_nubes. *La niña mira hacia la izquierda y en sentido regresivo. De*

nuevo alude a esa necesidad de protección, nostalgia y amor hacia el hogar y la madre. Una imagen que transmite hipersensibilidad, protección y misterio.

Figuras humanas distantes. La distancia social aparece reflejada en los dibujos. Los brazos es el elemento que desde el estudio de las técnicas proyectivas gráficas se relaciona con el contacto hacia los otros. Cuando se dibujan a dos personas y no se dan la mano, representa problemas para relacionarse y poco contacto personal.

Nora, 11 años. *Aparece esa falta de contacto social al dibujar a dos personas distanciadas que no se dan la mano. Llama la atención el uso del color utilizado de fondo tonos violetas y azulados, que representan de manera inconsciente una necesidad de cambio y elevada carga emocional. Al igual que en otros dibujos aparece la frase "yo me quedo en casa" como lema de concienciación y adaptación social.*

Figura humana de espaldas. Las personas de espaldas desde el enfoque de las técnicas proyectivas gráficas revelan evasión, actitud escapista y rebeldía.

Obra de la artista Miriam Pablos López, de la cuenta de Instagram @maivonren. *La artista proyecta a una mujer de espaldas. Desde el enfoque de las técnicas proyectivas gráficas representa la tendencia a escapar y huir de la realidad. Un sentimiento que ha sido habitual en las personas como mecanismo de defensa.*

Figuras humanas con nubes. Las nubes en los niños están relacionadas con la imaginación y la fantasía, pero cuando esas nubes se encuentran dibujadas encima de un sujeto, tanto en el caso de los niños como los adultos indican problemas o conflictos con esa persona. Si se retrata a sí mismo y dibuja la nube encima de ella, refleja problemas que le atormentan.

Dibujo de la artista Ana Cantalapiedra, de la cuenta de Instagram @con_lacabeza_en_las_nubes. *Dibuja una nube encima de la cabeza de una mujer vestida de flamenca. Representa la preocupación por la cancelación de la Feria de Abril. El hecho de dibujar un rostro sonriente indica una actitud positiva a pesar de los problemas.*

El síndrome de la cara vacía

Una de las secuencias emocionales que nos ha dejado la COVID19 es el denominado por los psicólogos "**síndrome de la cara vacía**".

El ser humano se rige por seis emociones básicas: asco, miedo, sorpresa, alegría, enfado y tristeza. Estas emociones se manifiestan a través del rostro, pero al ponernos la mascarilla nos impide saber qué sienten las personas con las que interactuamos. Todo ello ha generado diversas reacciones que pueden variar dependiendo de la persona.

Las consecuencias más comunes del síndrome de la cara vacía son:

- Inseguridad.
- Miedo.
- Misterio.
- Aislamiento.
- Falta de entendimiento.
- Obsesión.
- Sensación de pérdida de identidad.
- Dificultad para relacionarnos con los otros.

¿Cómo puedo saber si una persona padece el síndrome de la cara vacía a través de sus dibujos?

Dibujar es hablar con el corazón, y través de un simple dibujo podemos conocer si una persona puede padecer alguna consecuencia del síndrome de la cara vacía.

Dibujos de figuras humanas con elementos faciales omitidos sin mascarilla. La omisión de los ojos, la nariz y la boca cuando no se dibuja la mascarilla indica que la persona tiene dificultades para comunicarse con los otros y una actitud evasiva. Pérdida de identidad y miedos.

Dibujos de figuras humanas donde se tacha el rostro. Cualquier elemento que se tacha cuando dibujamos indica una negación a querer reconocer la realidad. Simboliza ansiedad y angustia.

Dibujos de figuras humanas con alteraciones en la presión. Una presión fina es síntoma de tristeza y debilidad y una presión fuerte refleja agresividad y nerviosismo. Estas alteraciones en la presión son un reflejo de inestabilidad emocional.

Dibujos de figuras humanas distantes y sin manos. La falta de contacto social producida tras el confinamiento ha generado una tendencia al aislamiento que es una de las consecuencias del síndrome de la cara vacía.

Dibujos de figuras humanas con trazos en zigzag. Los trazos en zigzag reflejan nerviosismo y ansiedad.

Dibujos de figuras humanas donde predominan colores oscuros. Los tonos oscuros transmiten un estado de ánimo triste y con miedo a la pérdida.

Dibujos de figuras humanas de espaldas. Cuando las figuras humanas aparecen de espaldas indica una negación a lo establecido y al aislamiento social.

Es necesario observar todo el dibujo en su conjunto para poder desvelar si realmente la persona puede estar sufriendo el síndrome de la cara vacía.

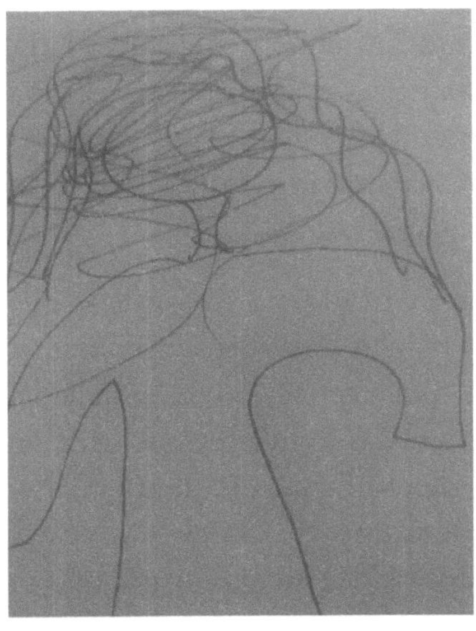

Mujer de 31 años. *Se autorretrata con el rostro sin elementos faciales y tachones, los cuales reflejan ansiedad y pérdida de identidad. La omisión de las manos indica necesidad de aislamiento. En el dibujo aparecen tres características propias que reflejan que la persona sufre el síndrome de la cara vacía en el momento que ha ejecutado el dibujo.*

El dibujo de la familia
La unión o desunión de la familia tras el confinamiento

"La gente habla de la mayoría de edad. Eso no existe.
Cuando uno tiene un hijo, está condenado
a ser padre durante toda la vida.
Son los hijos los que se apartan de uno.
Pero los padres no podemos apartarnos de ellos".

Graham Greene

Si algo nos ha enseñado el confinamiento es a convivir. Acostumbrados a llevar un nivel frenético de vida, con largas horas de atasco, niños que no tienen tiempo para jugar porque tienen que hacer los deberes y padres que van a contrarreloj. De repente la vida nos frena, sin poder salir de nuestros hogares.

Durante el confinamiento recibí noticias de amigos que hacía tiempo no se veían y habían reanudado el contacto, exparejas que reaparecían para contactar con aquella ex con la que acabaron fatal, incluso familiares que estaban enfadados se mandaban mensajes donde simplemente escribían: **"Os echamos de menos".** También he conocido vecinos que se han conocido, incluso otros que se han enamorado.

Reconciliaciones con aquellas personas que en algún momento nos hicieron felices, personas con las que muchas palabras se quedaron en el olvido. Y es en ese preciso momento cuando te paras y piensas:

¿Fue falta de amor o falta de tiempo?

La COVID19 ha puesto a prueba a muchas familias; las que tenían un vínculo emocional estable y fuerte se han fortalecido, pero las que por el contrario estaban unidas por interés o apegos insanos y tóxicos se han debilitado. Tras el confinamiento he podido apreciar la unión o desunión de las familias a través del dibujo de la familia real y la familia imaginaria. Dos proyecciones que nos permiten conocer la unión o desunión de las familias.

En esta proyección conoceremos el estado de la familia y si realmente está rota, entendiendo la desestructuración familiar desde un punto de vista emocional. Es decir, familias que físicamente están unidas, pero a nivel afectivo estén separadas.

El dibujo de la familia real es el menos proyectivo de todos, porque la persona ilustra a su familia de una manera consciente, siendo más frecuente en niños que en adultos. En el caso de adultos suelen dibujar la familia que han formado.

Es un dibujo que nos permite saber:

- **La relación que tiene con su familia.**
- **Si la persona se siente adaptada o inadaptada en el entorno familiar.**
- **Unión o desunión entre los familiares.**
- **Problemas de celos entre hermanos.**
- **Problemas de apegos insanos.**
- **Problemas de abusos sexuales.** Por desgracia, el aumento de abusos sexuales entre miembros del clan familiar ha aumentado tras el confinamiento.
- **Problemas de maltrato físico y psicológico dentro de miembros del mismo clan familiar.**
- **Problemas que han podido surgir tras el confinamiento dentro de la familia.** Para conocer si los problemas han sido una consecuencia directa del confinamiento, se puede comparar el dibujo de la familia realizado antes del confinamiento, y el dibujo realizado durante los días que permanece confinado.

En el dibujo de la familia real realizado en el confinamiento lo habitual es que se dibuje a los miembros de la familia con los que ha convivido o personas a las que ha echado de menos. Por el contrario, si se dibuja a familiares o amigos con los que no ha convivido, es porque el sujeto siente a esas personas como familiares y las ha echado de menos.

Se debe tener en cuenta, al igual que en los otros dibujos, **la posición de los miembros de la familia**; es decir, si están ubicados en la zona de la izquierda (miembros hogareños y más próximos al sujeto) o si están dibujados en la zona de la derecha (miembros más despegados para el sujeto).

También es importante el tamaño en el que se dibujen, pues revela la importancia o autoridad que dan a dichos miembros. Las figuras de gran tamaño son personas que el sujeto percibe con potestad, pero si son de menor tamaño suele correlacionar con familiares de menor rango de edad o que la persona percibe de poca autoridad dentro del linaje familiar.

Todos los rasgos y el modo en el que se dibujen a los familiares nos habla de la percepción consciente e inconsciente que tienen de los mismos.

El uso del color utilizado en la vestimenta de los mismos nos aporta información sobre la percepción que tienen sobre la personalidad de los familiares. Por ejemplo, un padre vestido de azul: el niño siente al padre como un sujeto tranquilo y pacífico. Sirve tanto para niños como para adultos, pero en niños nos aporta mayor información, ya que son mucho más inconscientes a la hora de dibujar y suelen ser más espontáneos para plasmar todo aquello que ven en su familia.

Tipos de dibujos de familias reales en tiempos de pandemia

Dibujos de familias donde aparecen distanciados. La falta de contacto provocada tras el confinamiento ha generado que los niños sean más desapegados a nivel afectivo con sus familiares.

Carlos, 4 años. *El niño dibuja a su familia sin darse la mano, lo cual indica que percibe con naturalidad la falta de afecto generada tras el confinamiento. El hecho de dibujar a su hermano pequeño en el centro simboliza una necesidad de protección para el más pequeño de la casa. Las figuras de los padres se inclinan hacia la derecha, lo cual indica que les percibe como personas sociables y dispuestas a seguir hacia adelante.*

Dibujos regresivos. Cuando los miembros de la familia aparecen dibujados en la zona de la izquierda y la niña se proyecta en el pasado indica nostalgia e introversión.

Niña de 10 años. *Ella es el bebé que sostiene la madre; por lo tanto, se proyecta en sus primeros meses de vida. Esto refleja que la niña siente añoranza por la unión familiar que hubo en el pasado. Es un dibujo regresivo al dibujarse en tiempos pasados, y todos los miembros aparecen ubicados en la zona de la izquierda. A su hermana le dibuja con los brazos cruzados sujetando un peluche, lo cual indica que la percibe como una persona protectora pero con cierta rebeldía. La corbata del padre indica que le percibe como una persona seria y trabajadora. La casa es un castillo que refleja la creatividad y espiritualidad de su autora.*

Dibujos de familias separadas. Tras el confinamiento muchas familias se han separado. Estas separaciones se ven reflejadas en el dibujo de la familia. Suelen aparecer nubes que simbolizan conflictos dentro del núcleo familiar o figuras enfadadas y distanciadas.

Niña de 8 años. *Familia compuesta por dos padres y una niña. Se separaron tras el confinamiento, aunque se puede apreciar que entre ellos existen problemas. Lo representa la niña de manera simbólica dibujando tres nubes y la lluvia encima de ellos. Sin embargo, se dibuja a la derecha con un rostro sonriente, símbolo de fortaleza.*

Dibujos de familias unidas. Se dan la mano. En este caso indica que la persona siente a su familia unida.

Niña de 7 años. *Dibuja a su madre y sus hermanos dándose la mano. Indica buena comunicación y apoyo dentro de la familia. A la madre le dibuja como a una reina, lo cual indica que la admira y la percibe como a una mujer empoderada dentro de su hogar. Sin embargo, ninguno de los miembros tiene pies; esto refleja falta de libertad de movimiento durante el confinamiento.*

La familia imaginaria

Audrey Hepburn

Cuando a un niño o adulto se le pide que dibuje a una familia y plasma una familia de objetos o animales, esto guarda relación con un deseo inconsciente de tener otro tipo de familia.

Es una proyección mucho más libre que la familia real. Se utiliza para conocer las virtudes y carencias que tiene un niño o un adulto con respecto a su familia. Es aconsejable pedir que dibuje a una familia imaginaria después de dibujar a la familia real, para comparar qué diferencias encontramos y lo que el sujeto anhela. Se puede aplicar tanto en niños como en adultos, pero tiene mayor interés entre la población infantil. **Es un dibujo mucho más inconsciente porque estamos dando más libertad para ilustrar el dibujo. Es una proyección que fomenta la imaginación y la creatividad.**

A través del dibujo de la familia imaginaria se puede saber:

- Las carencias de una persona con respecto a su familia.
- El rol que al sujeto le gustaría desempeñar dentro de su linaje familiar.

- Conflictos familiares y de apego.
- La creatividad.
- La adaptación o inadaptación con respecto a su familia.
- Problemas en la familia derivados tras el confinamiento.

En el periodo de pandemia muchas personas dibujaban a su familia con figuras que reflejaban distancia y problemas familiares. Sin embargo, cuando dibujaban familias imaginarias, estas permanecían unidas. Todo ello indica un deseo inconsciente de mayor unidad familiar.

Tipos de familias imaginarias en tiempos de pandemia

Similar a su familia real. Tanto en niños como en adultos, el sujeto se siente a gusto en su familia y la acepta tal y como es. Indica que la persona no ha presenciado problemas de convivencia familiar tras el confinamiento.

Diferente a su familia real. Tanto en niños como en adultos, el sujeto no se siente adaptado en su entorno familiar. Este dibujo es frecuente en adolescentes y en aquellos que se sienten la oveja negra de la familia. También aparece en niños adoptados, que desean conocer a sus padres biológicos. Se ha dado con frecuencia en familias que se han distanciado tras el confinamiento.

Dibujos de familias donde aparecen elementos abstractos que representan a miembros de la familia de manera inconsciente.

Comparativa entre el dibujo de la familia real y la familia imaginaria

Para poder profundizar sobre las carencias que un niño o adulto tiene en su familia, es aconsejable pedir que dibuje una familia real y una familia imaginaria. A continuación muestro dos dibujos hechos por la misma niña donde se pueden apreciar los conflictos familiares.

Dibujo de la familia real hecho por una niña de 6 años.

Dibujo de la familia imaginaria hecho por una niña de 6 años.

En la familia real, la niña dibuja a sus padres con nubes que simbolizan problemas entre ellos. Sin embargo, cuando le piden que dibuje una familia imaginaria, realiza un linaje de gatos sin nubes y con un sol que refleja unión y la ausencia de problemas. En el dibujo de la familia imaginaria añade un miembro más, lo cual refleja el deseo inconsciente de querer tener un hermano. A través de estos dos dibujos se pueden apreciar las carencias familiares de la niña.

Durante el confinamiento predominan dibujos de familias imaginarias con palabras de amor y solidaridad para manifestar el deseo de estar unidos a pesar de las circunstancias.

Creatividad en tiempos de caos

"El dibujo artístico"

"Sin miedo y sin la enfermedad, nunca podría haber logrado todo lo que tengo".

Edvard Munch

El arte es la expresión más sincera del corazón. Para crear es necesario experimentar sensaciones que nos hagan vibrar en lo más alto, pero también en lo más bajo.

El arte y la psicología han mantenido una estrecha relación a lo largo de la historia, ya que no podemos olvidar que el psicoanálisis fue fuente de inspiración para numerosos artistas surrealistas del siglo XX. A través de las técnicas proyectivas podemos conocer el estado emocional de un artista desde un enfoque que va más allá de la técnica, profundizando en las sensaciones inherentes que no siempre se ven a simple vista en un lienzo.

Cuando se viven situaciones de mutación como la pandemia, las personas necesitan expresar todas aquellas sensaciones que les acompañan día tras día, y que sin apenas darse cuenta les enseñan lo que es la esencia de la vida.

El arte se ha utilizado como terapia, ya que permite:

- Reducir estrés y ansiedad.
- Escuchar al inconsciente.
- Estimular la autoestima.
- Tratar problemas emociones sin sanar.
- Fomentar la inteligencia emocional y creatividad.
- Conectar con ese niño que todos llevamos dentro.

Del dolor nacen grandes obras que han quedado reflejadas en la historia del arte. Antes de adentrarme en los artistas que han querido compartir sus obras realizadas durante la COVID19, quiero recordar a grandes pintores que dejaron su legado en tiempos de enfermedad, agitación y angustia.

Edvard Munch. *El autor del famoso cuadro titulado* El grito, *padeció la gripe española del año 1918 y se pintó a si mismo después de superar la enfermedad. Desde el enfoque de las técnicas proyectivas gráficas se ilustra con una silla en dirección hacia la izquierda, lo que representa introversión y nostalgia. Los colores tierra que predominan en el cuadro junto con el verde indican pragmatismo y esperanza.*

Gustav Klimt, *no tuvo la misma suerte que Munch, ya que se lo llevó la gripe española del año 1918. Sin embargo, en su obra El beso de la muerte se puede observar una actitud positiva y unión. Los tonos dorados y el beso representan riqueza espiritual.*

Francisco Goya, *sufrió grandes trastornos que le dejaron sordo. Tras su enfermedad estableció un cambio en su obra, que reúne ochenta grabados llamados* **Los caprichos.** *En estos grabados hace una critica a la sociedad del momento. Este tipo de dibujos los realizó de manera voluntaria y le sirvieron de terapia para sobrellevar su* *enfermedad. En su obra **De qué mal morirá** hace una crítica a los médicos y al personal sanitario del momento. Continuó este tipo de pinturas, de las que cabe destacar, entre muchas obras, la denominada **El corral de los apestados,** lienzo de pequeño tamaño donde ilustra la trágica situación de un hospital y las terribles condiciones de vida de muchos enfermos.*

El arte adquiere un papel importante en situaciones drásticas y de cambio. Durante el confinamiento pasamos mucho tiempo en casa, teniendo la necesidad de crear o consumir arte y cultura. **Conocer al artista que se esconde detrás de un lienzo es una tarea que se ha vinculado a través de la psicología del arte.**

Detrás de una obra de arte se esconde un deseo de expresar una sensación, unos sentimientos o vivencias. El artista expresa e interpreta su propia percepción y realidad. Para la elaboración de este libro he tenido la suerte de contar con grandes artistas, que han querido compartir sus obras realizadas durante el confinamiento. En todas ellas se puede apreciar su elevada carga emocional e idealismo.

Obras de arte realizadas durante el confinamiento:

"Amor" de José Miguel López Sales, de la cuenta de Instagram @jomilosa68 . *"Una temprana mañana la lluvia mojó mi ventana como lágrimas en miles de mejillas. Mientras, no puedo dejar de pensar en todos los sanitarios por su amor incondicional, y mirando a través de ella hacia la montaña de San Ramón en Viladecans de fondo, escribo lo que la esperanza y el tesón nos ayudará a superar esta epidemia COVID19 que nos tiene cautivos"*. Con estas palabras explicaba su autor la obra *Amor*. Una obra realista que plasma a la perfección los sentimientos de añoranza y tristeza. Desde el enfoque de las técnicas proyectivas gráficas utiliza colores azules, verdes y marrones, que reflejan melancolía y esperanza. El hecho de escribir la palabra amor en el centro revela una personalidad equilibrada y con necesidad de estabilidad.

Obra de la artista Miriam Pablos López, de la cuenta de Instagram @maivonren. *Rostro de una mujer con mirada firme y proyectada hacia la derecha, lo que refleja una actitud de dominio y fortaleza ante las circunstancias. El uso de colores utilizados con violetas y azulados simbolizan rebeldía, espiritualidad, amor y nostalgia.*

Obra de la artista Miriam Pablos López, de la cuenta de Instagram @ maivonren. *En esta obra la artista refleja un rostro con tonos azulados y verdosos, que simbolizan esperanza y nostalgia. Las margaritas que se ilustran en la faz desde el enfoque de las técnicas proyectivas gráficas manifiestan un deseo inconsciente de aprovechar el momento y admirar la belleza que tenemos alrededor.*

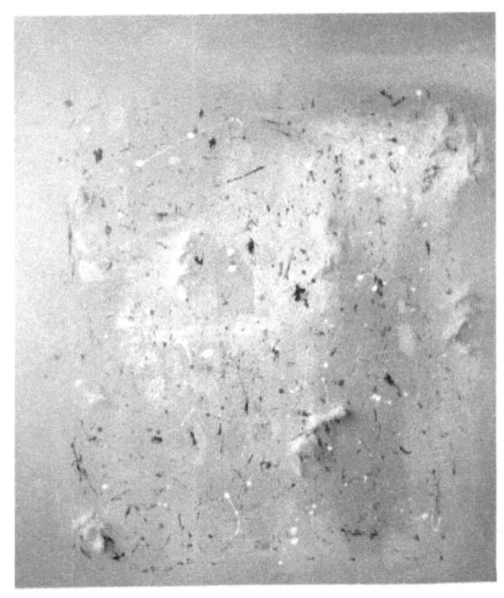

"Juego de indios", de la artista Esther Sanz Álvarez, de la cuenta de Instagram @esalvarez_art. *Creación abstracta que expresa sentimientos de libertad y alegría. Su autora refleja a niños de una tribu en movimiento, que simbolizan las plumas junto con una amplia combinación de colores primarios que transmiten optimismo. A través de su obra conecta con su niña interior, rememorando aquellas sensaciones de soltura y optimismo, buscando la evasión.*

"La verdad del coronavirus", por Enrique Cruz-Calonge, de la cuenta de Instagram @enriquecruzcalonge. *El autor remarca la mirada, adornando su obra con un conjunto de noticias relacionadas con la COVID19. La mirada tan acentuada con tonos rojizos indica un deseo de indagar en profundidad sobre todas esas noticias que se ilustran en el cuadro. Inquietud y pasión son sensaciones que definen su obra donde el autor critica el exceso de noticias y a su vez falta de información real sobre el virus.*

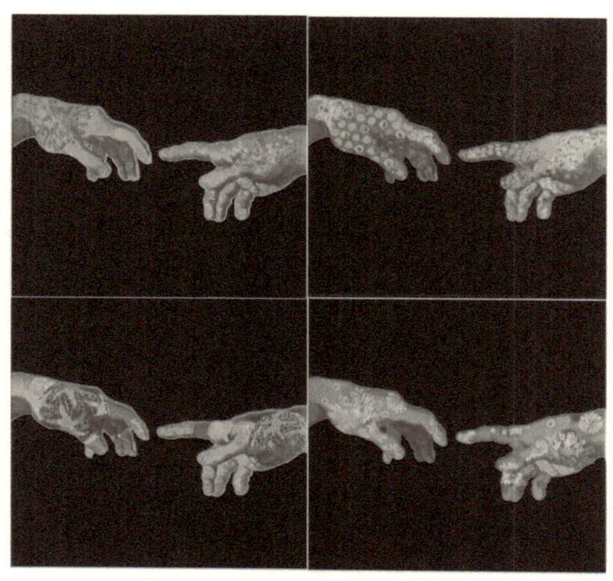

"Manipolazioni" (Manipulaciones), de Marco Baroncini, de la cuenta de Instagram @marcobaronciniart. Obra ganadora del premio de arte Sergio Estévez en la feria arte Mundart Madrid 2020 en la Casa de Vacas (El Retiro). *La obra representa cuatro virus que han marcado la historia: el sida, la hepatitis, la fiebre amarilla y por último la COVID19. "El hombre crea a Dios, que crea al hombre y crea los males del hombre representados por cuatro de los virus más terribles, pero tan hermosos por sus colores, como para ser dignos de ser parte de una obra de arte",* explica el autor sobre su obra. Desde el enfoque de las técnicas proyectivas gráficas, las manos simbolizan el contacto social, por lo que es una expresión consciente y directa del papel que ha jugado el hombre en la propagación y manipulación del virus. Es una crítica social sobre el arte y el comportamiento humano pasando por la religión.

Obra de la artista Alicia García-Franco. *El árbol en movimiento con tonos azulados y una copa gruesa con varios colores que simbolizan la primavera. Indica una sensación de agitación, pero con el deseo inconsciente de mirar hacia adelante.*

Obra de la artista Carmen Casanova, de la cuenta de Instagram @carmen_casanova_art. Obra expuesta en el Museo Arqueológico de Murcia en homenaje a La zapatera prodigiosa de Federico García Lorca.

La obra de Carmen Casanova se centra en el universo femenino. La autora rememora recuerdos de su infancia, cuando representó La zapatera prodigiosa en el colegio, junto a su hermano mayor. Una sensación de recuerdo que ha sido bastante habitual en las obras realizadas durante la pandemia.

Llama la atención la figura ubicada hacia la derecha, pero con la mirada proyectada a la izquierda, dando una sensación que refleja una lucha constante entre la realidad y sus propios deseos. Sentimientos que engloban a la perfección la esencia de la obra de Federico García Lorca.

"Negocios", del artista David Arnás. *Ilustración que refleja la actitud de interés que se genera en los negocios. Desde el enfoque de las técnicas proyectivas gráficas, aparecen varios elementos que adquieren relevancia, como las nubes, las flechas y personajes de espaldas que simbolizan trampas, problemas y engaños. Una obra que revela cierta preocupación por la crisis social y económica a la que nos enfrentamos tras la pandemia.*

Obra del artista Vicente Arnás @vicente_arnas_artista.
Desde el enfoque de las técnicas proyectivas gráficas, adquiere una gran importancia la figura del ángel que refleja evasión e imaginación. El perro simboliza protección y contacto con los más allegados, y las alas creatividad e imaginación. Las mascarillas son una manifestación de la realidad social a la que nos enfrentamos. Una obra que expresa de un modo mágico y onírico la situación actual.

"Pandemium", de Vicente Arnás @vicente_arnas_artista. *La obra de Vicente Arnás te reconduce a un mundo de fantasía, a pesar de añadir accesorios que ilustran la pandemia como la mascarilla y los guantes. Aparecen elementos que representan la libertad, como los pájaros y el globo en el aire. Los colores utilizados transmiten paz, calma y espiritualidad. Una obra que expresa la situación crítica en la que nos encontramos a través del realismo mágico y donde queda reflejado el espíritu positiva e imaginativo de su autor.*

A través de las obras de diferentes artistas se puede apreciar la elevada carga emocional que poseen. Como bien dijo Herman Hesse, *"no hay más realidad que la que tenemos dentro"*. Esa verdad es la que los artistas desean expresar, la autenticidad que nace de los sentimientos más arraigados que definen nuestra propia esencia.

Melancolía, rebeldía, preocupación, enfado, inquietud, impotencia, miedo y libertad son algunos de los sentimientos que empapan sus cuadros, simbolizando una etapa que formará parte de la historia. En cada una de sus obras aparece la esencia de sus autores, que sienten su propia visión de los acontecimientos de un modo único, permitiéndonos interactuar con ellos y abrir la mente para conectar con la historia que ellos quieren contar.

Pintar es hablar con el corazón.

Sentimientos encontrados en los dibujos en tiempos de pandemia

"Dime cómo dibujas
y te diré cómo te sientes"

"En realidad no sé si mis cuadros son surrealistas o no, pero sí sé que representan la expresión más franca de mí misma".

Frida Kahlo

Para resumir todo lo que he podido descubrir de los sentimientos de las personas a través de los dibujos realizados durante la pandemia, quiero adentrarme en las emociones que predominan, tanto en niños como en adultos, y que reflejan la situación social en la que nos encontramos.

En este capítulo resumo de manera clara y gráfica los símbolos que representan las sensaciones que prevalecen en el estudio de todos los dibujos realizados durante el confinamiento. La integración que debemos hacer de los signos es importante para hacer una interpretación segura.

Es una especie de guía que os permitirá detectar cómo os sentís.

Signos gráficos que reflejan:

Ansiedad. La ansiedad es el miedo al futuro. Es uno de los sentimientos que han prevalecido en muchos de los dibujos realizados durante la pandemia. La ansiedad se ve reflejada en los dibujos con:

- Figuras en movimiento.
- Trazos en zigzag.
- Alteraciones en la presión.
- Trazos desordenados.
- Tendencia a ocupar las zonas de la derecha del papel.
- Suelos sinuosos.
- Tachones.

Agresividad. Tendencia a atacar y enfrentarse a la realidad. La agresividad se manifiesta en los dibujos con:

- Trazos angulosos.
- Copa de árbol puntiaguda.
- Combinación de uso de color rojo y negro.
- Figuras humanas con dientes marcados.
- Manos con dedos en forma de punta.
- Elementos que invaden la hoja.
- Zapatos en forma de punta.

Angustia. Sensación de malestar que genera malestar e inquietud. La angustia aparece reflejada en los dibujos con:

- Trazos que se cortan.
- Árboles con frutos caídos.
- Fuerte uso del color negro.
- Figuras sentadas.
- Ojos cerrados.
- Ausencia de brazos.
- Manchas y agujeros en el tronco del árbol.

Indecisión. Dificultad para tomar decisiones. Una sensación que se ha acentuado durante la pandemia como consecuencia de la incertidumbre constante.

- Predominio del color gris.
- Borrones.
- Tendencia a borrar varias veces el dibujo.
- Figuras entrecortadas.
- Pelo despeinado.
- Copa de árboles enmarañadas.
- Nubes.
- Dibujos proyectados en la noche.

Melancolía. Sentimientos de añoranza hacia el pasado. Una de las sensaciones que más se han manifestado en los dibujos realizados durante la pandemia y que se manifiesta a través de:

- Uso excesivo del color azul claro.
- Tendencia a ocupar las zonas de la izquierda.
- Dibujarnos a una edad inferior.
- Nubes.

Evasión. La evasión es un mecanismo de defensa con el que una persona evita enfrentarse a la realidad. Se manifiesta en los dibujos a través de:

- Figuras disociadas.
- Figuras oníricas.
- Ausencia de pies.
- Figuras o elementos proyectados en el aire.

Curiosidad. La falta de información exacta sobre el origen del virus ha acentuado la curiosidad. Sensación que aparece en los dibujos con elementos como:

- Ojos muy grandes.
- Antenas en el tejado de la casa.
- Mirillas en la puerta.

Idealismo y creatividad. El confinamiento ha generado una mayor predisposición para crear tanto en los niños como en los adultos. La creatividad se manifiesta en los dibujos con trazos como:

- Tendencia a ocupar las zonas superiores del folio.
- Árboles con copas de mayor tamaño que el tronco.
- Figuras con cabezas más grandes que el cuerpo.
- Armonía y estética en los trazos.
- Dibujos de pájaros y ángeles.
- Techo con tejas curvas.
- Figuras proyectadas en el aire.

Cansancio. El cansancio mental y físico es una sensación normal tras estar varios meses confinados. Uno de los síntomas de la COVID19 que también se ha visto reflejado en algunos de los dibujos de personas que han padecido el virus. El cansancio se manifiesta en los dibujos con:

- Trazos poco presionados con dificultad para verlos.
- Figuras pequeñas.
- Figuras humanas con elementos faciales omitidos.
- Poco o nulo uso del color.

Sensibilidad. Cuando nos encontramos en un momento de dolor y cambio, las emociones están a flor de piel, generando una mayor percepción sensitiva. La sensibilidad se expresa en los dibujos con:

- Formas curvas.
- Ojos grandes.
- Predominio del color azul y rosa.
- Presión suave.
- Elementos como flores, estrellas y lunas.
- Dibujos ambientados en la noche.

Introversión. La falta de contacto social y el teletrabajo ha generado menor contacto con los otros, lo que incentiva una mayor tendencia a la introversión. Se expresa con:

- Figuras proyectadas a la izquierda.
- Trazos finos.
- Ausencia de manos y brazos.
- Figuras pequeñas.

- Puertas cerradas.
- Caminos proyectados hacia la izquierda.
- Manos metidas en los bolsillos.
- Brazos escondidos.

Miedo. El miedo ha sido uno de los sentimientos que ha predominado principalmente en los niños y en las personas mayores. Es un sentimiento normal en momentos de caos. El miedo aparece ilustrado en los dibujos con:

- Uso de color negro.
- Puertas con cerrojos.
- Caminos con piedras.
- Dibujos de monstruos.
- Escritos que piden auxilio.
- Trazos con temblores.

Impotencia. Cuando el ser humano recibe una orden se genera una frustración. El confinamiento prohíbe una falta de libertad que genera importancia y que se manifiesta en los dibujos con:

- Zapatos con cordones.
- Figuras proyectadas a la izquierda.
- Predominio del color gris, rojo y negro.
- Figuras con brazos cruzados.
- Pies proyectados en distintas direcciones.

Egoísmo. La COVID no ha dejado indiferente a nadie, pero por desgracia muchas personas han mostrado una actitud egoísta mirando sus propios intereses y sin querer ver la realidad social a la que nos enfrentamos con miles de muertes. El egoísmo aparece reflejado en los dibujos con:

- Figuras cerradas.
- Trazos presionados.
- Tendencia a ocupar todo el folio.
- Formas extravagantes.
- Ojos cerrados.
- Tendencia a ocupar la zona del centro.
- Colores llamativos.
- Autorretratos de gran tamaño.

Rebeldía. Las normas sanitarias impuestas para combatir la COVID han dado lugar a una actitud combativa por parte de algunas personas. La rebeldía se ve reflejada en los dibujos con:

- Formas angulosas en las zonas superiores.
- Trazos presionados.
- Uso del color morado y negro.

Esperanza. No perder la fe en situaciones de incertidumbre es un sentimiento común en la mayoría de las personas y que se ha visto reflejado en los dibujos realizados durante la pandemia. La esperanza se manifiesta en los dibujos con:

- Formas curvas.
- Uso de colores verdes y azulados.
- Rostros alegres.

Obsesión. Preocupación reiterada ante una situación o persona. Muchas personas han caído en un exceso de preocupación como consecuencia de una falta de autocontrol ante la situación actual. La obsesión se proyecta en los dibujos con:

- Tejados con tejas minuciosas de igual tamaño y con formas cuadradas.
- Presión reiterada.
- Formas angulosas.
- Cabezas de gran tamaño.
- Elementos que se repiten.

Solidaridad. Esta situación también ha generado una mayor cooperación y unión. La solidaridad se ve reflejada en los dibujos con:

- Figuras que se dan la mano.
- Dibujos con palabras que expresan unión.
- Dibujos de corazones.
- Uso del color rosa y verde.
- Dibujos del personal sanitario.
- Dibujos de otras personas remarcando sus virtudes.
- Brazos y manos abiertas.
- Formas curvas.
- Ojos grandes y abiertos.

Estas son las emociones que han predominado en los dibujos realizados en tiempos de pandemia. Sentimientos encontrados que aparecen reflejados en los dibujos y definen el momento social en el que nos encontramos.

El dibujo es el reflejo de las emociones ilustradas en un papel.

Pero además de todo lo mencionado anteriormente, **a través de las técnicas proyectivas gráficas también podemos conocer:**

- La psicomotricidad.
- El estado emocional de la persona.
- La creatividad e imaginación.
- La autoestima.
- La impulsividad.
- La sexualidad.
- Conectar con el niño que todos llevamos dentro.
- Problemas de apego. Complejo de Edipo y Electra.
- La fortaleza física y espiritual.
- El estado de ánimo.
- Habilidades sociales.
- Problemas de adaptación o inadaptación.
- Nivel de dependencia e independencia.
- El inconsciente.
- El consciente.
- Las relaciones con la familia.
- El vínculo con nuestra pareja.
- La actitud ante las adversidades.
- Problemas de abusos sexuales.
- Problemas de *bullying*.
- Ambición.
- La imagen que proyectamos.
- La imagen que queremos proyectar.

¿Qué nos ha enseñado la COVID?

N. Butler

Quizás aún es pronto para escribir estos renglones donde pretendo plasmar todo lo que he aprendido analizando los dibujos de las personas en este complicado momento. Si algo me ha enseñado la COVID es a saber expresar lo que uno siente en el momento. Puede que mañana sea tarde y estas palabras se queden en el aire.

La COVID ha venido a enseñarnos que **la vida es un continuo vaivén, un camino en donde nada es eterno y todo es impredecible.**

El **confinamiento** ha generado inseguridad, impotencia y encierro. Pero pensándolo bien, en la sociedad en la que vivimos muchas personas no sabían estar solas en su casa y se unían a relaciones tóxicas para evitar encontrarse con uno mismo. Sujetos anclados en la envidia y lo material prefiriendo pisar a ser pisados, con un estrés que ciega. **Una sociedad asfixiada y egoísta que evita escuchar, parar y encontrarse. Considero que la CO-VID nos ha dado un escarmiento disfrazado en ese tiempo tan necesario para reflexionar y adentrarnos en nuestros mayores y profundos sentimientos.**

Observando cada uno de los dibujos realizados durante este año he podido apreciar la capacidad humana que tenemos para saber enfrentarnos ante el caos. Destacando la actitud positiva que han tenido los niños a diferencia de los adultos. Ellos han sabido adaptarse con mayor rapidez que nosotros. **Los niños han sido grandes maestros que nos han enseñado a tener una actitud optimista cuando las cosas se tuercen.**

En cuanto a los adultos, he encontrado una mayor inadaptación, pero en casi todos sus dibujos reflejan esperanza.

Más de 90 dibujos de niños, adolescentes, adultos, ancianos y artistas se han desnudado para plasmar sus emociones en un folio donde todos tenemos espacio para expresar lo que sentimos.

Porque si algo he aprendido escribiendo este libro, es que la verdad nace del corazón, y que para poder entenderla es necesario empatizar con la humanidad.

Fortaleza, solidaridad, renovación y unidad son palabras claves en el aprendizaje COVID19. SEAMOS CONSCIENTES y miremos más allá de nuestro ombligo. Porque como bien dijo Gandhi, "*no debemos perder la fe en la humanidad, ya que esta es como el océano: no se ensucia porque algunas de sus gotas estén corrompidas***".**